亡国のメガロポリス

日本を滅ぼす東京一極集中と復活への道

三橋貴明

彩図社

はじめに

人間は、一度、特定のイメージに囚われると、そこから抜け出すことがなかなかできない。

例えば、

「日本は人口流出が著しい地方が衰退し、東京が繁栄している」

といった「イメージ」をお持ちの読者は少なくないだろう。

ところが、実際には日本の「地方」にこそ成長のチャンスがあり、東京ではむしろ「貧困のリスク」が広がっているのだ。

例えば、日本経済新聞は2019年1月7日付で「東京『一極集中』に異変　成長率、全国平均下回る」というタイトルの記事を報じた。記事は、

「東京への経済の一極集中の流れが止まっている。東京都の成長率は全国平均を下回り、総生産が全国に占める割合もじりじりと下がってきた。地方から人口流入が続いているにもかかわらず、そのペースに経済成長が追いついていない」

という文章で始まるが、実際のデータを見ても、東京の経済成長率は低迷し、全国的な経

済成長の「足を引っ張っている」ことが確認できる。

経済成長とは、分かりやすく書くと「所得の総計の拡大」だ。所得の総計が伸び悩む東京に、今も毎年10万人を超える人々（特に若者）が流入してきている。拡大しない所得のパイを、増加する人数で奪い合っているのだ。「貧困のリスク」が広がってしまうのは、至極当然である。

逆に、全国的な経済成長を「牽引」しているのが、実は日本の地方なのである。もちろん、各地で成長率にばらつきはあるが、例えば「人口減少が著しい県」の国民所得の伸び率が、東京の所得上昇率を上回っていたりする。

理由は、本書をお読みになればご理解いただけると思うが、いずれにせよ「イメージ」に思考が左右されている状態は、危険という話だ。何しろ、確実に判断を間違う。

本書は、東京一極集中という「亡国への道」について警鐘を鳴らすと同時に、「東京から地方へ」を実現することで、我が国に「第二次高度成長期」が到来する可能性を予見したものだ。

ちなみに、筆者は別に楽観主義者ではない。単に、データや現実を見る限り、「東京から地方へ」の政策が、日本国の経済成長率を一気に高めるという「事実」を語っているに過ぎない。

とはいえ、イメージに囚われた読者の多くは、

「日本に第二次高度成長期が訪れる」

などと言われても、納得しがたいものがあるだろう。ならばなおさら、本書を最終頁までお読みいただき、自らの頭に染み付いた「間違ったイメージ」「間違った情報」を洗い流して欲しい。間違った情報をもとに、正しい判断を下すことは、神様であっても不可能なのだから。

亡国のメガロポリス　目次

はじめに……2

第1章　失業率0・6%の衝撃

島根県の失業率がわずか0・6%に！……10
不思議なフィリップス曲線……19
日本の就業者数は、なぜ増えた……24
デフレ脱却に失敗した政権……32
地方の失業率低下……35
就業者数と実質賃金……39
資本装備率とは何か……42
地方の疲弊と東京一極集中……46

第2章　国難をもたらす東京一極集中

世界最大のメガロポリス……54
東京一極集中と自然災害大国……68
東京一極集中と少子化……77
人口と経済成長……84
生産性向上と経済成長のプロセス……90
少子高齢化とインフレギャップ……103
デフレを引き起こすイベント……110
移民と生産性向上……119

第3章　亡国のメガロポリス

東京一極集中を始めたのは誰か？……130
東京とシンガポール……143

東京というブラックホール……148
日本を「小さく」する……158
北海道の発展途上国化……175
地方の人手確保と税制優遇……186

第4章　経済成長の黄金循環への道

グローバリズムのトリニティ……194
２０１９年問題……210
経済成長の否定は国家の死……225

第1章　失業率0・6%の衝撃

島根県の失業率がわずか0・6％に！

筆者が日本の「地方」に着目したのは、2015年春頃だったと記憶している。

現在、日本の地方はインフラ投資において、見捨てられたのも同然になっている。傷んだ道路はなかなか修復されず、高速道路が通ったと思ったら暫定二車線（片側一車線対面通行）。鉄道路線は廃線が相次ぎ、バス路線までもが赤字をカバーしきれず、次々になくなっていく。

公共交通機関が弱体化していくため、人々は軽自動車で移動せざるを得ない。別に、軽自動車の有益性を否定するわけではないのだが、とにかく地方を車で走ると、黄色いナンバーだらけであることに驚かされる。

建物は、老朽化。壁面が汚れ、コンクリートにひび割れがあるにも関わらず、メンテナンス投資が行われない。

分かりやすく書くと、「昭和の時代」のまま取り残された印象を覚えるのが、日本の地方だ。

地方の出生率は、東京圏に比べると高い。ところが、各地方がせっかくコストをかけて教育し、育て上げた若者が、次々に大都会へ移ってしまう。高齢者はなかなか引っ越しができないため、地方に残留する。結果、地方は都会と比べても高齢者の割合が高まっていく。

若者が減っている地方。と書くと、何となく暗いイメージがあるわけだが、筆者は異なる印象を覚えた。まさしく、若者が減っている地方にこそ、我が国の「次なる高度経済成長」の芽が存在していると考えたのだ。

などと書いたところで、信じられない読者がほとんどだろう。とはいえ、筆者の予測には根拠も裏づけとなるデータもある。経済とは何かを正しく理解していれば、今の日本の地方に訪れた「チャンス」を誰でも目にすることができる。

ここでいう経済とは、本書で解説する通り、モノやサービスが生産され、生産されたモノやサービスに支出（購入）され、所得が創出されるという、一連の所得創出プロセスを意味している。より正確に書くと、経済ではなく「実体経済」である。

所得を稼ぎ出す実体経済が、拡大していく現象を「経済成長」と呼ぶ。筆者は全国を講演して回り、各地の「惨状」を目の当たりにしたからこそ、日本の地方に「経済成長の機会」が無数に、あるいは膨大に存在していることを知ったのだ。

日本の「経済を知らない」識者たちは、若者が流出する地方について、

「もはや衰退する一方」

といった印象を与える情報を撒き散らしている。そして、「若者が減るから、衰退する」というレトリックには、確かに一瞬、説得力を感じてしまう。

とはいえ、現実は異なる。実は、経済は全体の人口に対し、若者、厳密には働き手の数が不足すれば不足するほど「成長」するのである。

俄かには信じがたいであろうから、まずは一つだけ実例をご紹介しよう。

ある日、島根県某市の経営者団体からの講演の仕事を受けたのだが、事前の打ち合わせにおいて、

「若者がどんどん都会に出てしまっている」

と、筆者は若手経営者たちから悩みを打ち明けられた。

その際に、筆者はふと疑問に思ったのである。すでに、日本全国で人手不足が顕在化していた。何しろ、少子高齢化が継続し、生産年齢人口比率（後述）が全国的に低下していたのだ。若者が出ていくと聞くと、普通の人は「悪しきこと」のように思えてしまうわけだが、本当にそうだろうか。何しろ、少子「高齢化」である。つまりは、「高齢者」という需要は残っているのだ。

高齢者という需要は存在するにも関わらず、その需要に対しモノやサービスを供給する若者が減っていっている。つまりは、供給側に立つ現役の生産者にとっては、「競合が少なくなっている」ことを意味するはずだ。

というわけで、若手経営者たちに、

「確かに若者が流出するというのは、イメージが悪いが、皆さんのビジネスは儲かっていないのか？」

と尋ねたところ、来社した経営者のほとんどが「実は儲かっている」と答えた。理由は、同業者が「人手不足」を理由に、次々に廃業していくためだという。つまりは、競争が減り、地元に残った生産者が次第に「独占状況」に近くなっていっているのである。

論理的に考えれば、必ずそうなる。何しろ、地方から流出しているのは「生産をしない高齢者」ではなく、「生産する若者」なのだ。

例えば、ある地方で、

A：生産しない高齢者10人　生産者20人

の状況だったとしよう。つまりは、需要の合計が30人だ。30人の需要に対し、20人の生産者が供給をしている。

上記から、若者を中心に生産者5人が都会に出ていってしまった。

B：生産しない高齢者10人　生産者15人

すると、需要は25人に減ってしまう。とはいえ、供給側の方が減少率は大きくなる。需要の減少率は約17％（＝5÷30×100％）。それに対し、生産者の減少率は25％（＝5÷20×100％）なのである。

若者が都会に流出し、確かに需要も減るのだが、それ以上に供給能力の方が激しく縮小するのだ。当然ながら、経済は「需要＞供給能力」の方向に向かい、人手不足になっていく。人手不足とは、実のところ生産者にとっては美味しい環境である。何しろ、競合が少ないという意味になるのだ。

2017年2月、筆者はインドネシアのジャカルタに赴いた。インドネシアは、別に少子化に陥っているわけではない。結果的に、大都会ジャカルタでは若者があふれ返り、明らかに人手が余っていた。

例えば、インドネシアの建物は入り口にゲートがあるところが多い。ゲートの開け閉めのために、大抵は若者が２人立っており、車が来るために装置を動かしていた。

どう考えても、自動化した方がよさそうなものだが、現地のガイドに聞いたところ、

「ゲートを自動化するよりも、若者を２名雇った方が安い」

とのことであった。

インドネシアで若者が余っていることは、データからも確認できる。最新データである２０１７年の数字で見ると、インドネシアの若年層（15―24歳）失業率は15・２％である。

それに対し、我が国は４・６％（２０１７年）。先進国の中では、文句なしで最低であった。

直近のデータ（２０１８年12月）で見ると、日本の若年層失業率は何と３・３％。世界がうらやむ数値である。

少子化で若者が減っている以上、当然といえば当然なのだが、若年層失業率や全体の失業率が改善している状況で、地方から若者が都会に流出していくと……。

地方に残った若者、生産者にとって、競合が減っていくことで、利益を出しやすい環境が整えられることになる。無論、超人手不足になるため、人材確保や生産性向上は必須だが、

少なくともジャカルタのように若者が「買い叩かれる」状況にはならない。

生産性が向上し、所得が増えていけば、何しろ日本の地方は物価（特に家賃）が安いため、東京圏に出てきた若者よりも間違いなく「良い生活」ができる。しかも、地域コミュニティが健在であるため、都会特有の「孤独感」に苦しめられることもない。さらには、労働力を安く買い叩かれ、貧困化に陥ることもない。

ついでに書いておくと、いわゆる「待機児童問題」は都市部特有の現象であり、地方にはない。日本各地で経営者にインタビューしてみたのだが、

「地元で待機児童問題など聞いたことがない」

との回答が１００％であった。

物価が安く、待機児童問題もない。その状況で、地方で「人手不足を解消する生産性向上」が起きれば、人々は今よりもはるかに豊かに暮らすことが可能になる。さらには、子供を産みやすい、育てやすい環境であるため、少子化も解消に向かうだろう。

逆に言えば、現在の日本の少子化は、働き手、特に若者の所得が伸び悩み、暮らし向きが改善せず、さらには地方ではなく東京圏に人口が集中していることが主因なのだ。

本書前半で明らかにするが、国民の実質賃金（物価の変動を除いた賃金）の下落、及び東

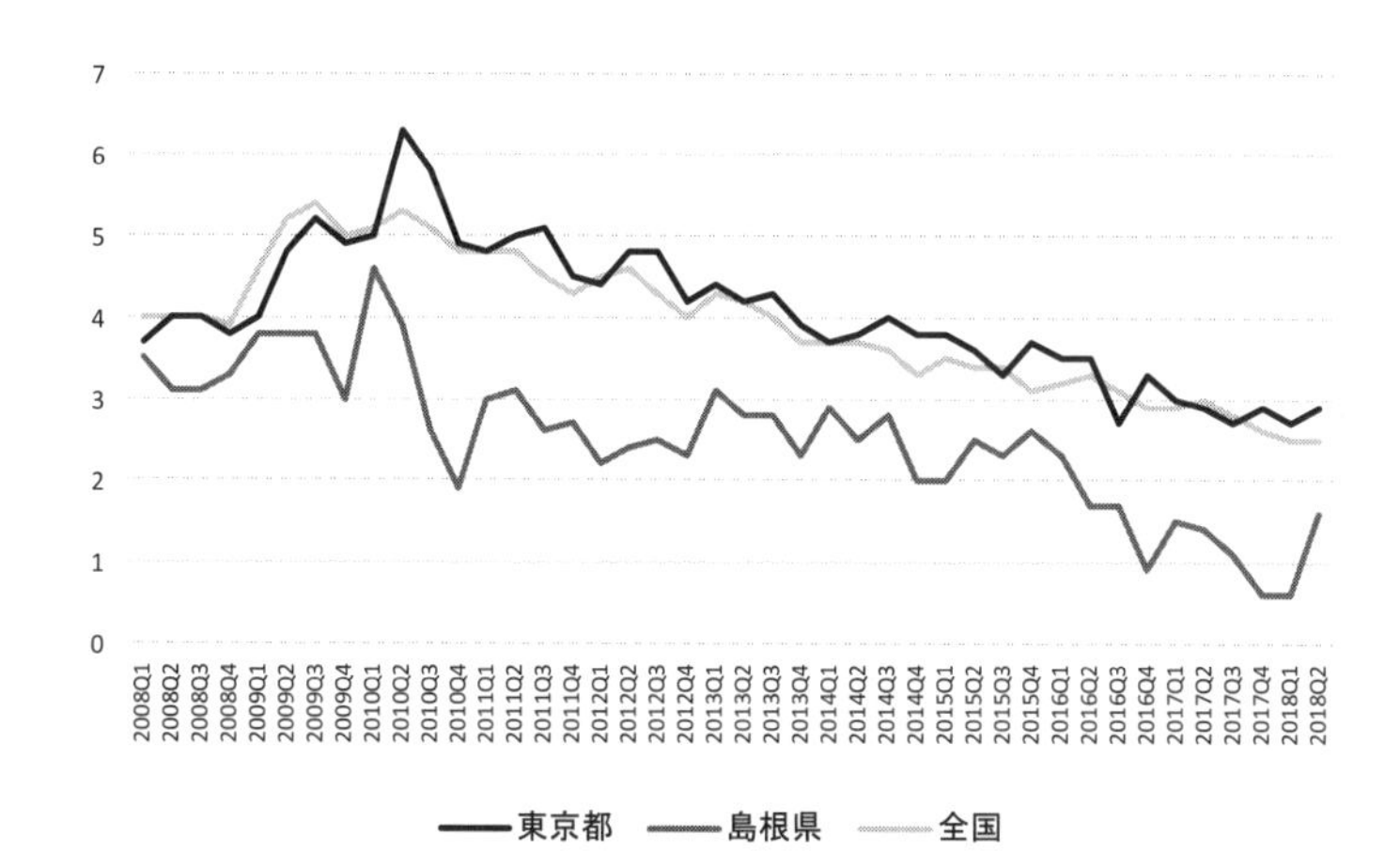

【図１　島根県・東京都・全国の失業率推移（%）】
出典：統計局

京一極集中こそが、日本の少子化の二大要因である。

ところで、ここまで文章のみで「日本の地方」について語ってきたが、ここで一つ、データを見てみよう。日本政府は、失業率について都道府県別のモデル推計値を発表している。モデル推計値であるため、全国の雇用統計と比べるとやや精度は落ちるのだが、それにしても「衝撃」のデータである。

図１は、先ほどから話題に出てきている島根県の失業率について、２００８年以降のデータをグラフ化したものだ。せっかくなので、比較のため、東京都と全国の失業率推移も併せてグラフにしてみた。

驚かれる読者が多いだろうが、島根県の失業率は、東京都や全国平均と比較すると、はるかに低い水準で推移している。特に、2017年の10—12月期及び2018年1—3月期、島根県の失業率は何と0・6％（！）だったのである。モデル推計値とはいえ、驚くべき低さだ。

2018年4—6月期には、1・6％へと「悪化」したが、それにしても低い。現在の日本において、失業率2％未満は「完全雇用」状況と断言できる。

また、東京都の失業率が、ほぼ一貫して全国平均を上回っていることも注目すべきだ。2018年4—6月期の東京都の失業率は2・9％。もちろん、諸外国と比べると低い数字ではあるが、日本国内で見ると「相対的に失業率が高い」のが、現在の東京都なのである。

島根県のみならず、2018年4—6月期時点で石川県、三重県、福井県、岐阜県、愛知県、岩手県、山形県、群馬県、富山県、長野県、愛媛県、宮崎県、山梨県、和歌山県、鳥取県が、失業率2％未満の状況にある。愛知県、岐阜県、三重県は、いわゆる「名古屋圏」という大都市圏である。とはいえ、それ以外は全て「地方」なのだ。

地方の失業率が、相対的に低い。これはデータに裏付けられた、日本の現実だ。

日本のマスコミに登場する識者に言わせれば、

「若者が流出していっているのだから、失業率が下がっていっているだけだ」

と、何となく悪いことであるという印象を与えるレトリックになってしまうわけだが、失業率の低下イコール雇用の改善である。単に、日本は地方から雇用環境が良くなっていっているという現実を示しているに過ぎない。

そして、雇用環境の改善こそが景気回復、あるいは所得拡大のチャンスなのだ。今後の日本は、都市部ではなく地方にこそビジネスチャンスがある。露骨な書き方をすれば、儲け時なのである。

この現実を日本国民が共有したとき、我が国は東京一極集中や少子化といった諸問題について「根本」から解決することが可能になる。

不思議なフィリップス曲線

改めて現在の日本では、全国的に人手不足が深刻化している。

消費者物価指数やGDPデフレータといったインフレ率が低迷し、デフレから脱却が果たせていないにも関わらず、人手が極端なまでに足りなくなっていっているのである。

日本で進行する人手不足について、「安倍政権のデフレ対策の成果」と認識してしまうと、状況を見誤る。デフレ対策が巧くいっているならば、インフレ率が上昇しなければならない（それが「デフレ脱却」だ）。現在の日本のインフレ率は、精々が0％前後でしかない（※コアコアCPIベース）。

図2は、日本の消費者物価指数の対前年比についてグラフ化したものだ。エネルギー（原油、LNGなど）の輸入が多い日本の場合、物価に関するデフレ脱却の指数はコアコアCPIでなければならない。日銀のインフレ目標である「コアCPI」は、エネルギー価格を含んでいるため、世界的に原油価格が高騰すると、それだけで上昇してしまう。

14年4月から15年3月まで、日本のインフレ率は2％を上回っていた。理由は、言うまでもなく、消費税増税の影響である。消費税増税は「強制的な物価の引き上げ」であるため、インフレ率は否応なしに上がる。

そもそも、日本のデフレが続いているのは、日本国民がモノやサービスの購入を増やそうとしないためだ。モノやサービスがなかなか売れないからこそ、生産者が値段を引き下げているのである。

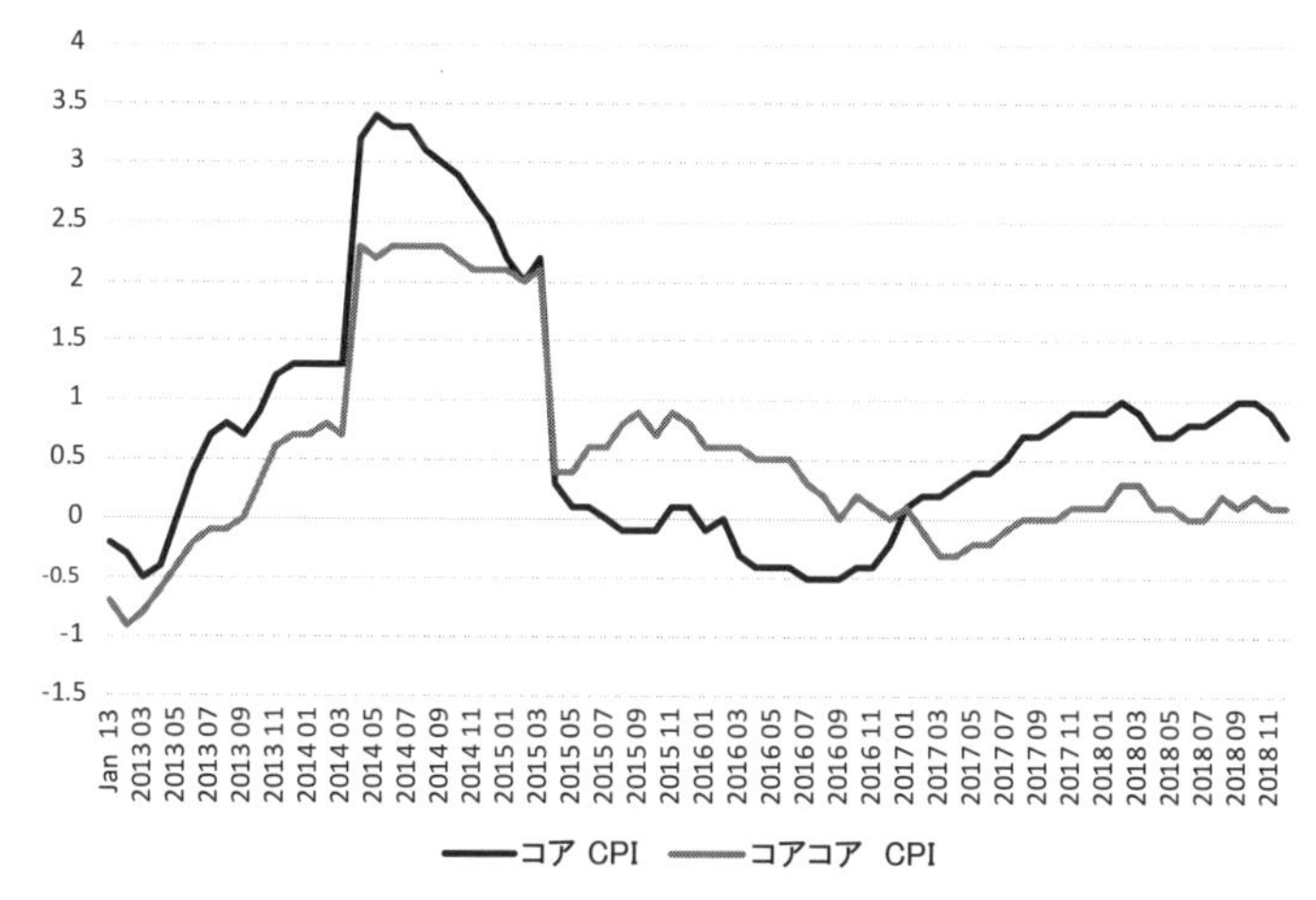

【図２　日本のインフレ率の推移（対前年比％）】
出典：統計局
※コアＣＰＩ：生鮮食品を除く総合消費者物価指数
※コアコアＣＰＩ：食料（酒類除く）及びエネルギーを除く総合消費者物価指数

その状況で、我々のモノやサービスの購入意欲を減らす消費税増税を強行した。消費税とは、消費に対する「罰金」なのである。

例えば、タバコ税値上げは「タバコを買うことに対する罰金」である。タバコの消費を抑制するためにこそ、タバコ税は存在する。

当然ながら、消費税は「消費することに対する罰金」となる。消費税を増税すると、人々は罰金を逃れようとするため、消費は確実に減ってしまう。そもそも、消費税の目的は「消費を減らすこと」なのである。

デフレ脱却を目指す、つまりはモノや

サービスの消費を増やさなければならない日本の政府が、何をとち狂ったのか、2014年4月に消費税率を引き上げた。

結果的に、確かに一時的に物価は上昇したものの、日本経済は再デフレ化。増税分のメッキが剥がれた15年4月以降のインフレ率はまたもや下落。コアCPIも、コアコアCPIも一時的にマイナス圏に沈んでしまう。

さて、経済学において、インフレ率と失業率はトレードオフの関係にあるとされている。インフレ率が高い時期は、失業率が低い。逆に、インフレ率が低迷し、経済がデフレ化すると失業率は上昇する。いわゆる、フィリップス曲線だ。

インフレ率が高いと、企業が負債を増やし、投資を拡大するため、失業率は下がる。逆に、デフレ期にはおカネの価値が上昇してしまうため、企業は負債を増やしたがらず、投資も減る。結果的に、失業率は上昇する。

確かに、一見、もっともらしい理論ではある。

図3は縦軸に失業率、横軸にインフレ率をとった日本のフィリップス曲線になる。1980年から2018年まで、確かにインフレ率と失業率はトレードオフの関係にあることが見て取れる。失業率が高い時期は、インフレ率が低い（デフレ）。インフレ率が高まると、

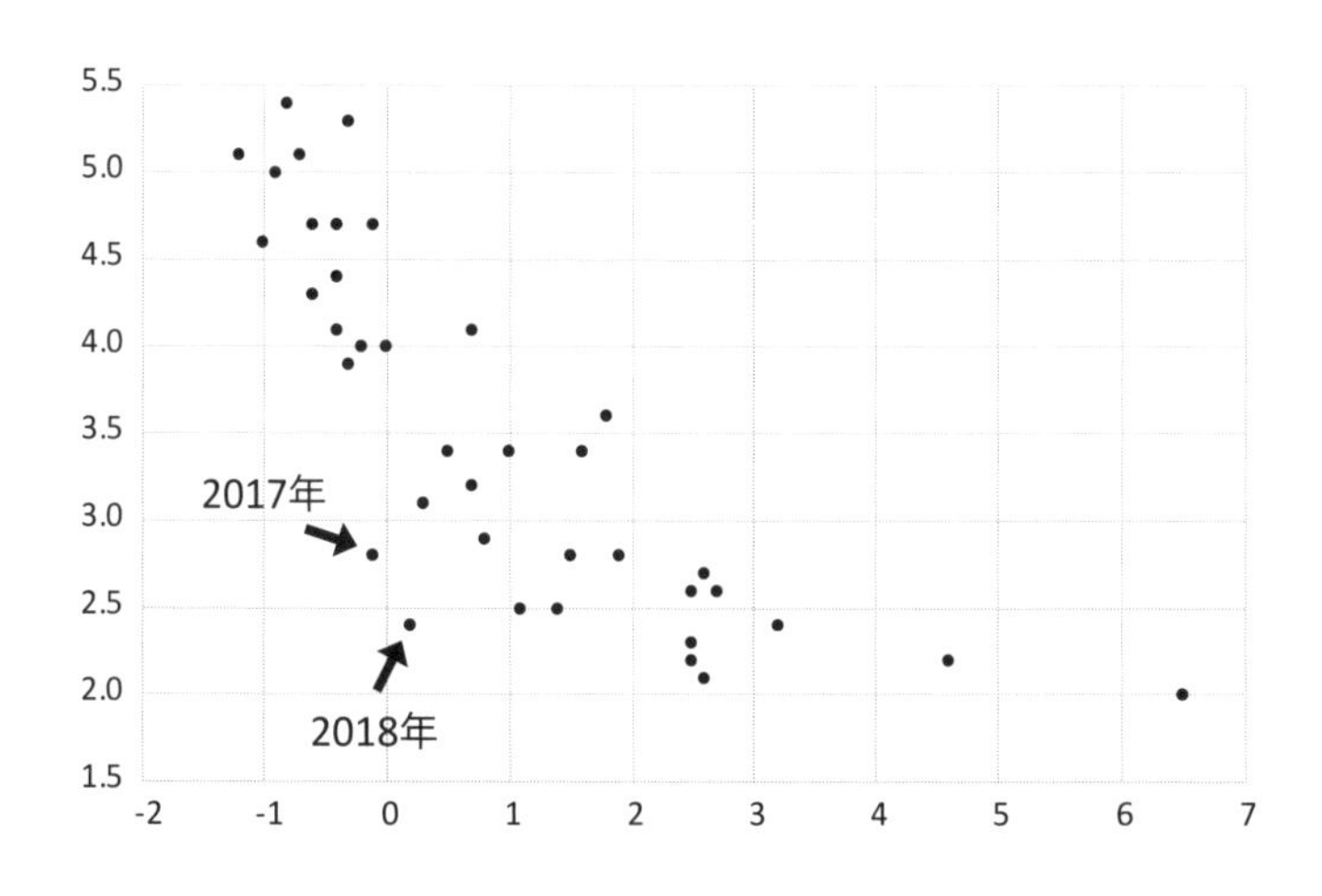

【図３　1980 年−2018 年のフィリップス曲線】
出典：統計局のデータから筆者作成
※コアコアＣＰＩ：食料（酒類除く）及びエネルギーを除く総合消費者物価指数
※ 2018 年は８月現在

失業率が落ちてくる。

とはいえ、２０１７年と２０１８年の数値は奇妙だ。

２０１７年はインフレ率（図３はコアコアＣＰＩの上昇率）がマイナスであるにも関わらず、失業率が３％を切った。２０１８年は、インフレ率が対前年比でわずか0・2％のプラスに過ぎないにも関わらず、失業率は2・5％を割り込んだ。双方ともに、少なくとも１９８０年以降では初めてのケースだ。

現在の日本は、

「失業率が上がらず、物価も低いまま」

という、人類がほとんど経験したことがない経済環境にあるのである。この状況で、「安倍政権のデフレ対策の成果で失業率が下がった」などと主張するのは、思考停止というものだ。そもそも、日本は未だにデフレから脱却できていない。元々、安倍政権のデフレ対策はフィリップス曲線がベースになっていたのである。つまりは、デフレから脱却し、雇用改善を目指すという考え方だ。

安倍政権は消費税増税など、緊縮財政を強行することでデフレからの脱却に失敗した。それにも関わらず、確かに雇用だけは改善していっている。この「現実」をいかに読み解くかが重要なのだ。

日本の就業者数は、なぜ増えた

安倍政権下で就業者数が増えているのは間違いない事実である。とはいえ、この種の分析をする際には、マクロからミクロへのブレイクダウン（細分化）が欠かせない。

２０１３年１月から18年12月にかけ、日本の就業者数は４１５万人も増えた。それでは、

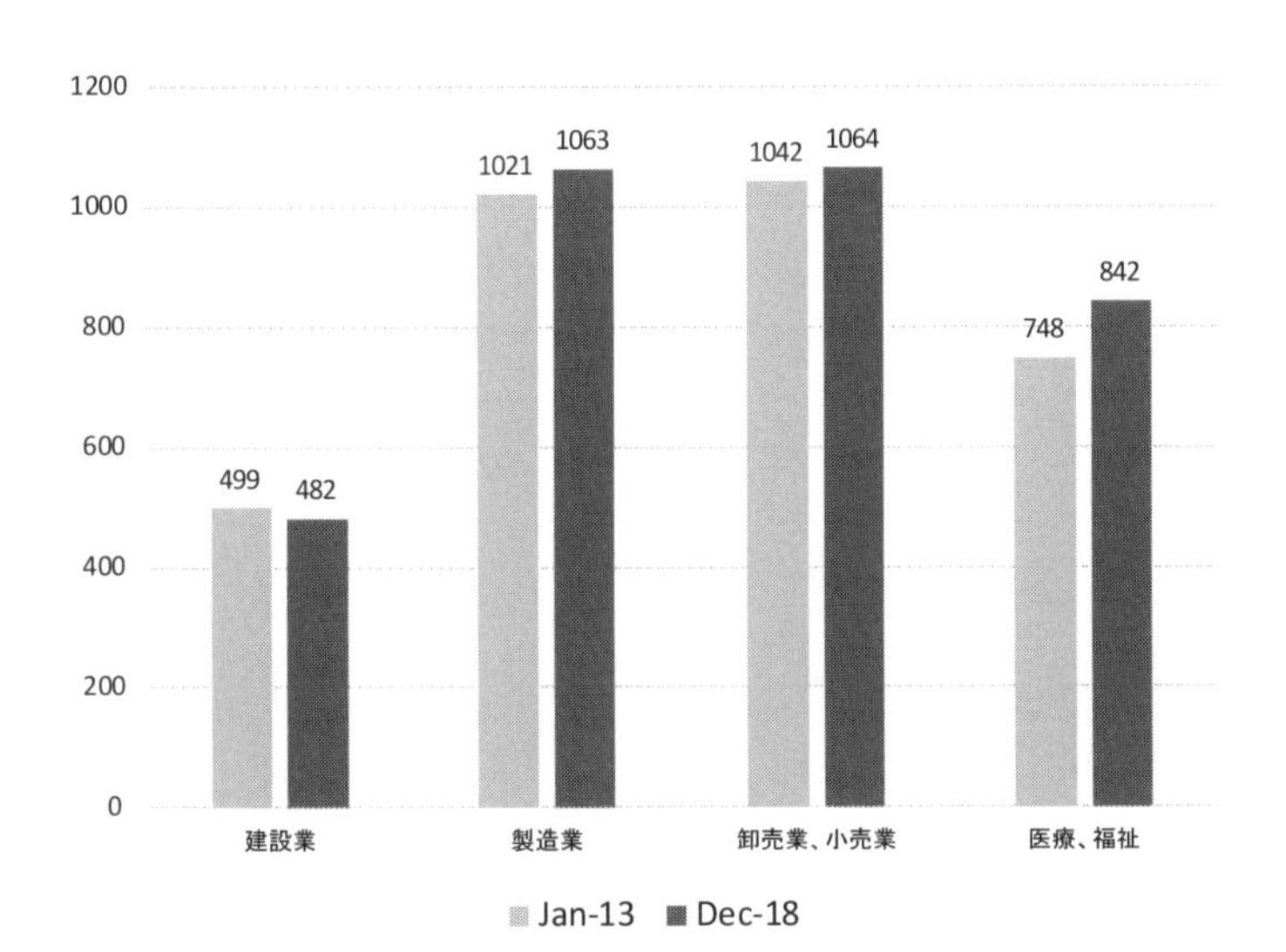

【図４　主要産業別日本の就業者数（万人）】
出典：厚生労働省

産業別の就業者数を見てみよう。果たして、どの産業において、何人の就業者が増えたのだろうか。

現在の日本で、就業者数５００万人超規模なのが（２０１８年12月時点）、建設業、製造業、卸売・小売業、医療・福祉の４業種になる。13年１月時点と18年12月時点の就業者数を比較すると、建設業が17万人減、製造業が42万人増、卸売・小売業が22万人増、そして医療・福祉が94万人増となっている。

別に、安倍政権のデフレ対策、例えば日本銀行の金融政策（日銀の量的緩和）の影響がゼロとは言わない。金融政策の拡大で円安が進み、製造業が恩恵を被ったケースもあるだろう。卸売・小売の就業者数については、円安による外国人観光客の増加が影響していると考えられる。とはいえ、日本の就業者数の増加に最も貢献したのは、文句なしで医療・福祉の雇用拡大なのである。日本銀行が金融緩和を進めると、医療・福祉関係の需要が膨らむというのであろうか。金融政策と、医療・福祉の需要の間の繋がりが全く理解できない。

要するに、就業者数増加の主因は高齢化なのだ。高齢化が進み、高齢者の医療や介護の需要が膨らんでいき、医療・福祉の雇用が増えた。ただ、それだけの話である。

次に、雇用形態別で就業者数の動きを見てみよう。

図5の通り、第二次安倍政権発足以降、パート・アルバイトの雇用は季節変動こそあるものの、安倍政権下でほぼ一貫して伸び続けた。ちなみに、パート・アルバイトは毎年10月から翌年1月にかけて就業者数の「山」ができる。年末の小売産業が、全体の雇用増を牽引していると思われる。

正規雇用は大きな季節変動こそないものの、16年前半までは全体的に停滞していた。正規雇用が増え始めたのは、16年下半期以降なのである。正規雇用は、２０１６年7月から18年12月にかけ、それまでの停滞が嘘だったかのように、１００万人以上も増加した。

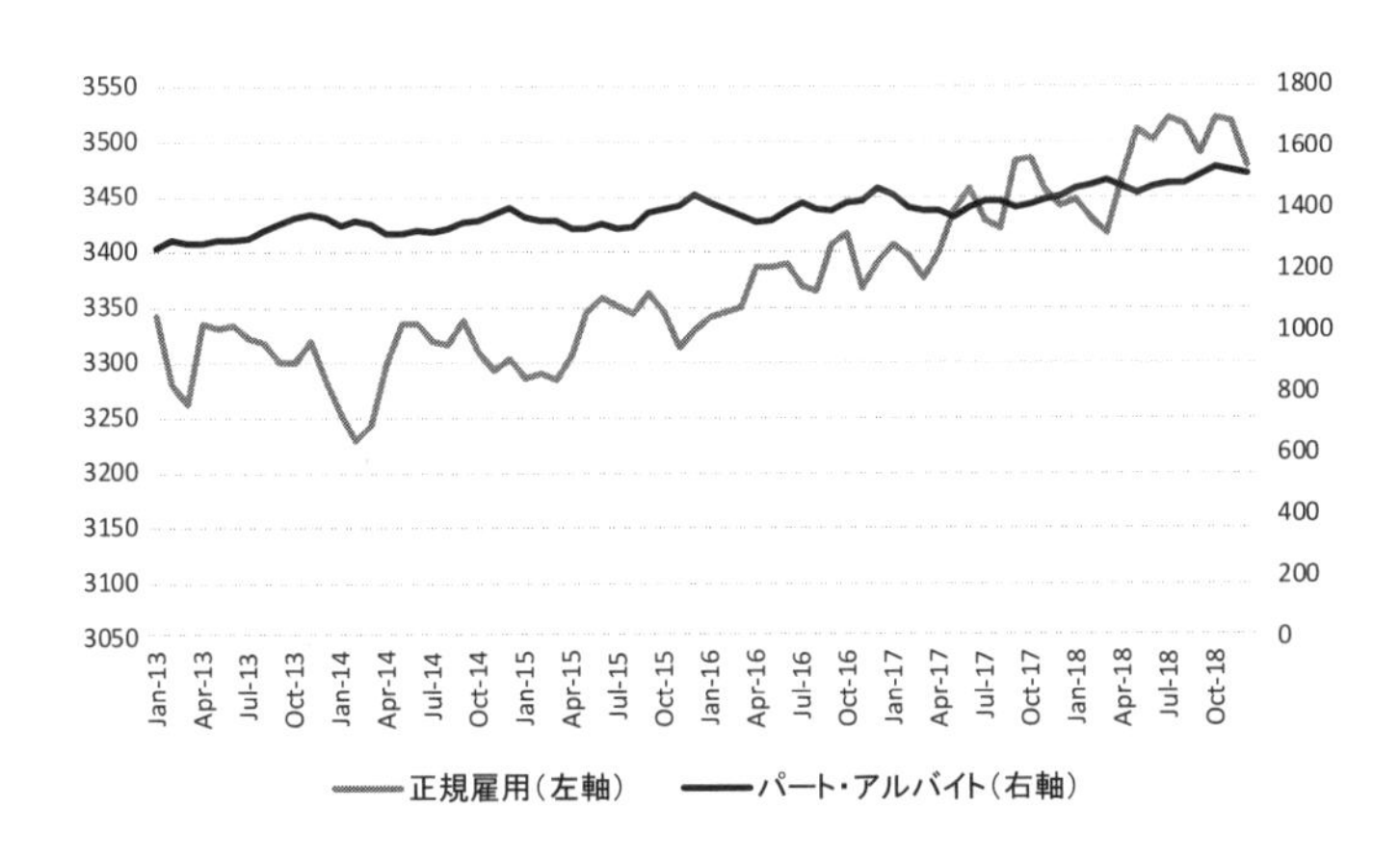

【図５　雇用形態別日本の就業者数（万人）】
出典：厚生労働省

つまりは、人手不足の深刻化という環境が継続する中、企業は13年から16年にかけては、「正規雇用を抑え、パート・アルバイトでしのぐ」という雇用スタイルをとっていたのである。ところが、16年中盤になっても人手不足の深刻化は終わらず、ついに正規雇用を本格的に増やし始めたというのが本当のところではないか。

ポイントは、なぜ13年から16年中盤まで、企業が正規雇用を抑止し、パート・アルバイトに頼り続けたのかという点だ。安倍政権の経済政策、いわゆる「アベノミクス」の影響で経済が活況を帯びているならば、企業は当初から正規雇用を増やし、人材を囲い込もうとしたはずだ。

さらに一つ、ポイントを書いておくと、安倍政権下における就業者数増で「誰の雇用が増え

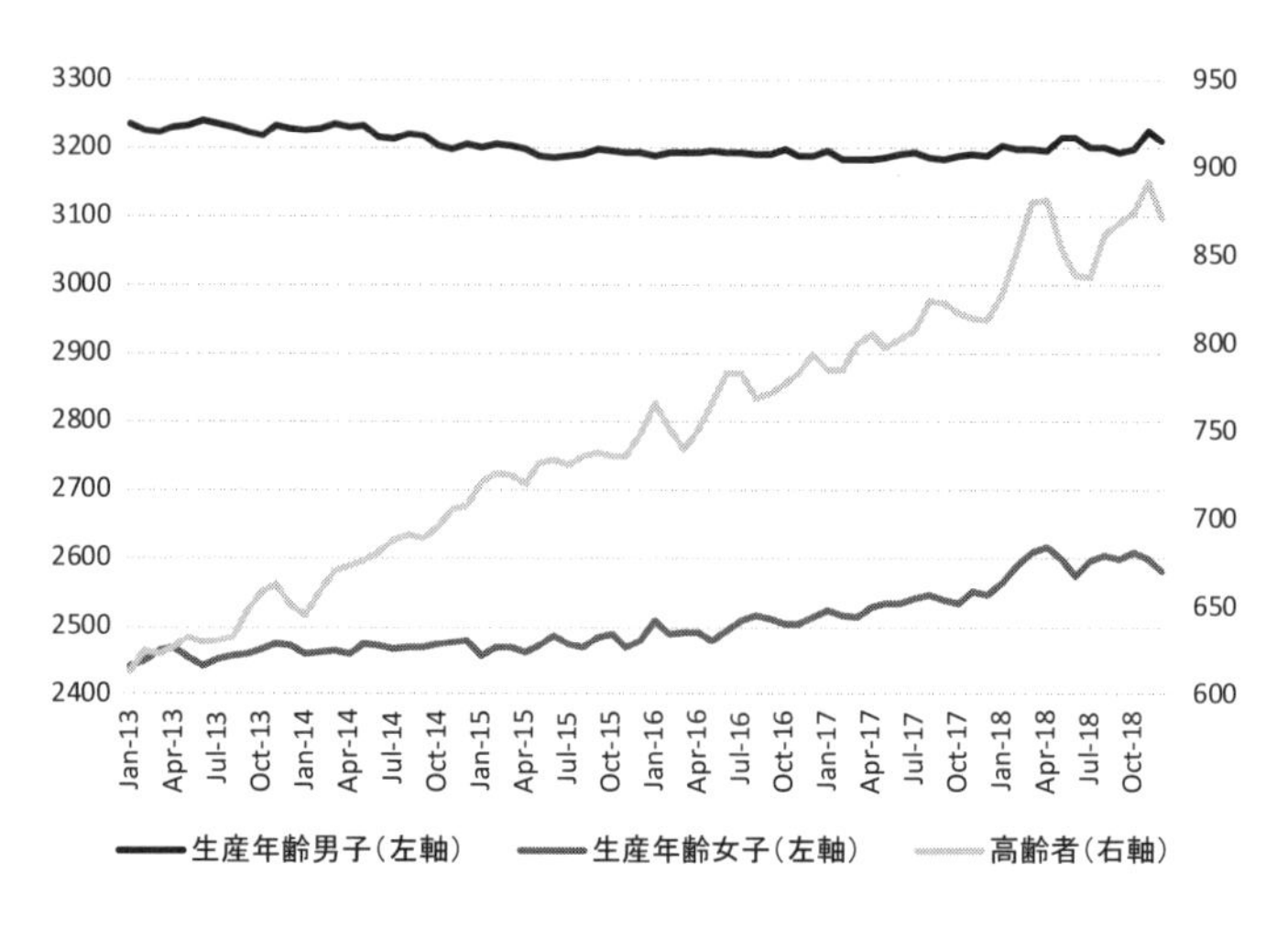

【図６　男女別、年齢別就業者数の推移（万人）】
出典：統計局「労働力調査」

たのか？」である。具体的に書くと、例えば成年男子の雇用が一貫して増加傾向にあるならば、

「これまで働く必要があったものの、職を得ることができなかった失業者が雇用された」

ということで、安倍政権の「成果」として称えるべきだろう。実際には、どうだっただろうか。

図６を見て、驚かれた読者は多いだろう。13年１月から18年12月にかけ、生産年齢人口（15―64歳）の女性の就業者数は139万人、高齢者男女（65歳以上）は実に258万人も増えた。

ところが、肝心の生産年齢人口（15―64

歳）の男性の就業者数は、26万人「減」なのだ。つまりは、第二次安倍政権発足以降の就業者数の増加は、主に女性と高齢者が働き始めたことに因っていることになる。

もっとも、高齢者の場合は「働き始めた」という表現は適切ではない。定年退職の時期を迎えた高齢者が、企業に再雇用されるというケースが多いのだ。

ややデータが古いのだが、東京都が２０１２年に行なった「高年齢者の継続雇用に関する実態調査」によると、高齢者が同じ会社に継続されて雇用された場合、定年時の賃金に比べて5割から7割程度の収入に落ち込むとのことである。２０１３年以降も、この傾向が変わっているとは思えない。安倍政権下における就業者の増加は、高齢者が「以前よりも安い賃金」で再雇用されたことが理由の一つというわけだ。

女性の場合は、図5との関係である。図5及び図6から、女性がパートタイマーやアルバイトとして雇用されるケースが激増したことがわかる。当たり前だが、パートタイマー、アルバイトの給与水準は、正規雇用よりも低い。

まとめると、安倍政権下の就業者数増加は、

1・医療・福祉業を中心に、

2・正規雇用ではなく、パートタイマー・アルバイトを中心に、

3・生産年齢人口の男性ではなく、生産年齢人口の女性や高齢者を中心に、成し遂げられたということになる。

となると、当然ながら「給与上昇を伴う」雇用拡大は実現しない。実際、安倍政権下において「物価の上昇の影響を除いた給与」である実質賃金は下落を続けた。2012年と比較すると、2017年の実質賃金（年平均）は5％近くも落ち込んでしまった。

実質賃金とは、物価の変動を除いた賃金、給与である。

例えば、給与が5％ずつ伸びていたとしよう。とはいえ、同じ時期に物価が10％上昇していたら、どうなるだろうか。確かに、受け取る給与の額面は増えているのだが、それ以上に物価が上がっているため、買えるモノやサービスは減ってしまう。つまりは、実質賃金の下落。分かりやすく書くと、貧困化だ。

逆に、給与が2％しか伸びなかったとして、物価上昇率が1％ならばどうだろうか。給与はほとんど増えていないのだが、物価が上がらないため、人々は次第に買えるモノやサービスが増えていく。実質賃金の上昇である。

実質賃金の上昇こそが「豊かになる」であり、実質賃金下落が「貧困化」なのだ。国民が豊かになるためには、実質賃金が上昇しなければならない。

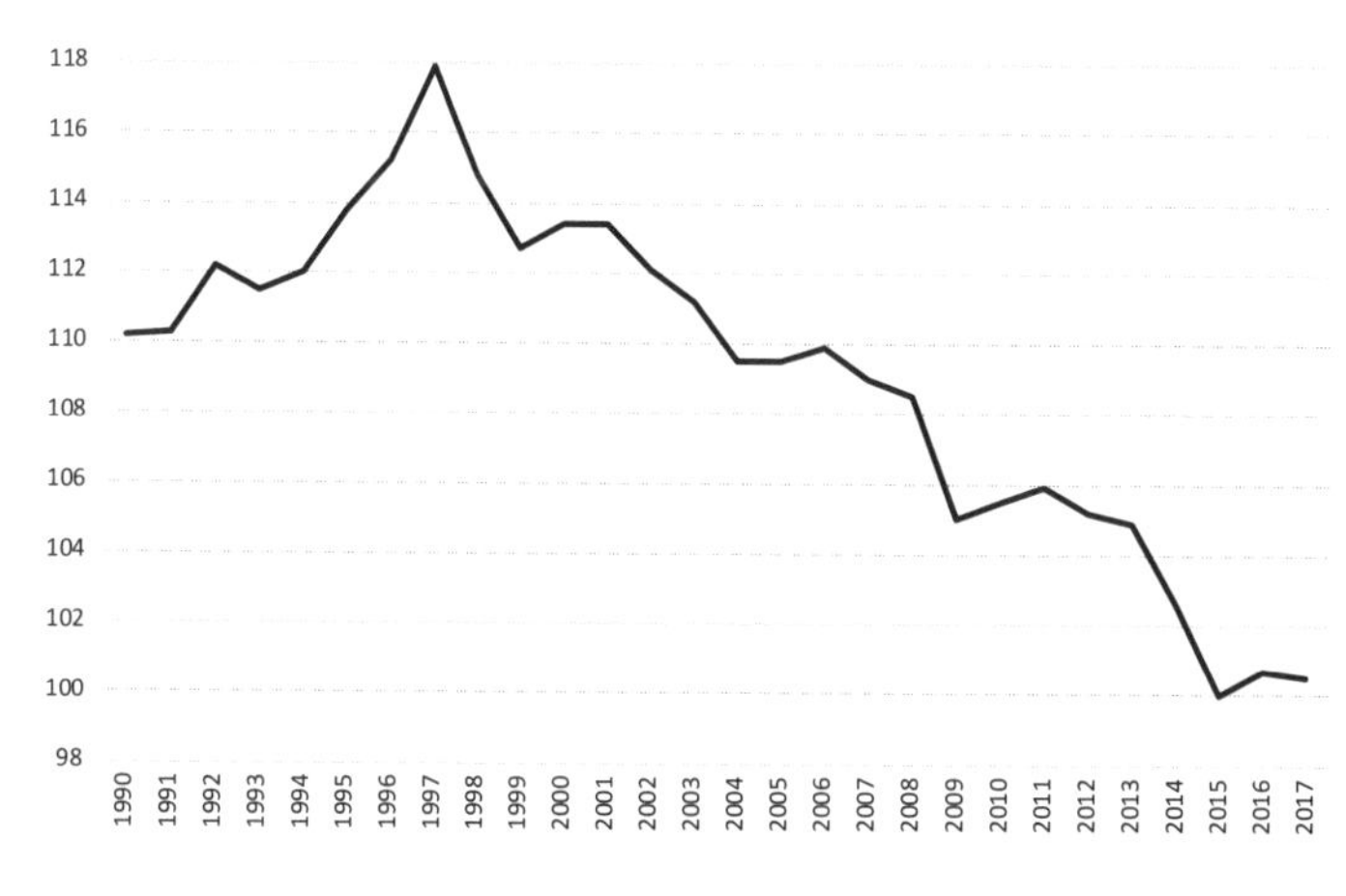

【図７　日本の実質賃金指数の推移（2015 年＝ 100)】
出典：厚生労働省

図７の通り、日本の実質賃金は日本がデフレに突入した97年（厳密には97年１―３月期）と比較すると、すでに15ポイント近くも下落している。とはいえ、政権単体の下落率で見ると、第二次安倍政権以降が最も大きい。安倍総理大臣は、日本の憲政史上、最も国民を貧しくした総理大臣なのである。

実質賃金は、給料以上のペースで物価が上昇すると、下落していく。もっとも、デフレ期の国では、実質賃金は物価下落局面において、それ以上のペースで給料が落ち込む形で下落していく。さらには、当然ながら、

「給料が上がらない状況で、物価のみが上昇する」

場合も落ち込んでしまうのである。

何しろ、安倍政権は２０１４年4月に消費税を増税した。消費税増税は「強制的な物価の引き上げ」になる。消費税を増税したところで、「給与が高い正規雇用」が増えているわけではないため、実質賃金は下落して当然だ。

デフレ脱却のゴールは、単なる物価上昇ではない。物価の上昇ペース以上に給料が増えなければならないのだ。さもなければ、例えば消費税増税で物価が一時的に上がったとしても、実質の所得は増えず、国民の貧困化が続くことになる。

デフレ脱却に失敗した政権

現在の日本のデフレーションは、

「国民や政府がモノやサービスを買わない＝需要が不足している」

ことに起因している。

それにも関わらず、我々国民が「モノやサービスを買いたくなくなる」消費税増税を強行したため、実質的な消費（消費の「量」）が激減し、２０１６年以降、日本は再びデフレ状態に戻ってしまった。図2の通り、コアコアＣＰＩは16年に、コアＣＰＩは17年にそれぞれマイナスに落ち込んだ。

そもそも、第二次安倍政権に国民が期待したのは「デフレ脱却」だったはずだ。ところが、安倍政権はデフレ対策をまともに打たず、結果的にデフレ脱却に失敗した。

特に問題なのは、やはり14年4月の消費税増税を皮切りに、安倍政権が明らかに「緊縮財政路線」を突き進んだことだ。緊縮財政とは、増税や政府の支出削減。増税をすれば、国民は消費や投資を減らす。政府の支出削減とは、文字通り「政府の消費や投資」を縮小させることだ。

物価とは、おカネの発行量では決まらない。物価を引き上げるためには、モノやサービスの購入を増やさなければならないのだ。ところが、安倍政権は日本銀行におカネは発行させるものの、自らは緊縮路線に走った。消費や投資という支出＝モノやサービスの購入を政府自ら減らした以上、物価が上昇するはずがない。

ちなみに、日本銀行が発行するおカネは主に日銀当座預金である。我々一般の国民や企業は、日銀当座預金というおカネは借りることも使うこともできない。理由は、我々が日銀に当座預金口座を持っていないためだ。日銀当座預金口座を保有するのは、政府と金融機関のみなのである。

そして、日銀当座預金を「借り入れ」、支出することができるのは政府のみだ。政府が国債を発行し、国内金融機関から日銀当座預金を借り入れる。政府は借り入れた日銀当座預金を担保に「政府小切手」を発行し、国内の消費や投資として支出する。消費や投資、モノやサービスの購入が増えれば、やがて日本の宿痾（しゅくあ）たるデフレから脱却する道が見えてくるはずなのだが、安倍政権は真逆の政策を採った。結果、デフレ脱却に失敗。当たり前すぎるほど、当たり前の結果だ。

というわけで、日本は未だにデフレから脱却していない。となると、企業は「需要拡大」を信じることができず、人手不足を短期のパートタイマー、アルバイト雇用でしのごうとせざるを得ない。ところが、意に反して人手不足は解消するどころか、むしろ深刻化していく。結果的に、16年中盤に企業は正規雇用の増加に踏み切ることになった。

これが、過去6年間の安倍政権下における雇用増の実態だ。しかも、需要が拡大した最大の分野は医療・福祉なのである。高齢化による医療、介護分野の需要拡大は人口構造の変化であって、安倍政権の経済政策とは何の関係もない。

それにしても、フィリップス曲線によれば、インフレ率が下がるならば、失業率は上昇するはずだ。ところが、我が国の場合はインフレ率が抑制されたまま、失業率が低下してきている。ここで、

「なぜなのだろうか？」

と、考えず、単純に「失業率低下は安倍政権の経済政策の成果だ！」などと政権をナイーブ（幼稚、という意味）に賛美することは、思考停止そのものである。そもそも、安倍政権のデフレ対策の中心に位置した「いわゆるリフレ派政策」は、インフレ率を「上げる」ことで失業率の改善を狙ったものだ。何しろ、主目的は「デフレ脱却」だったのだ。ところが、現実にはインフレ率が上がらないまま、雇用のみが改善していっているのである。

地方の失業率低下

冒頭でも触れたが、日本の雇用改善の謎は「地方」を見ることで解ける。多くの日本国民

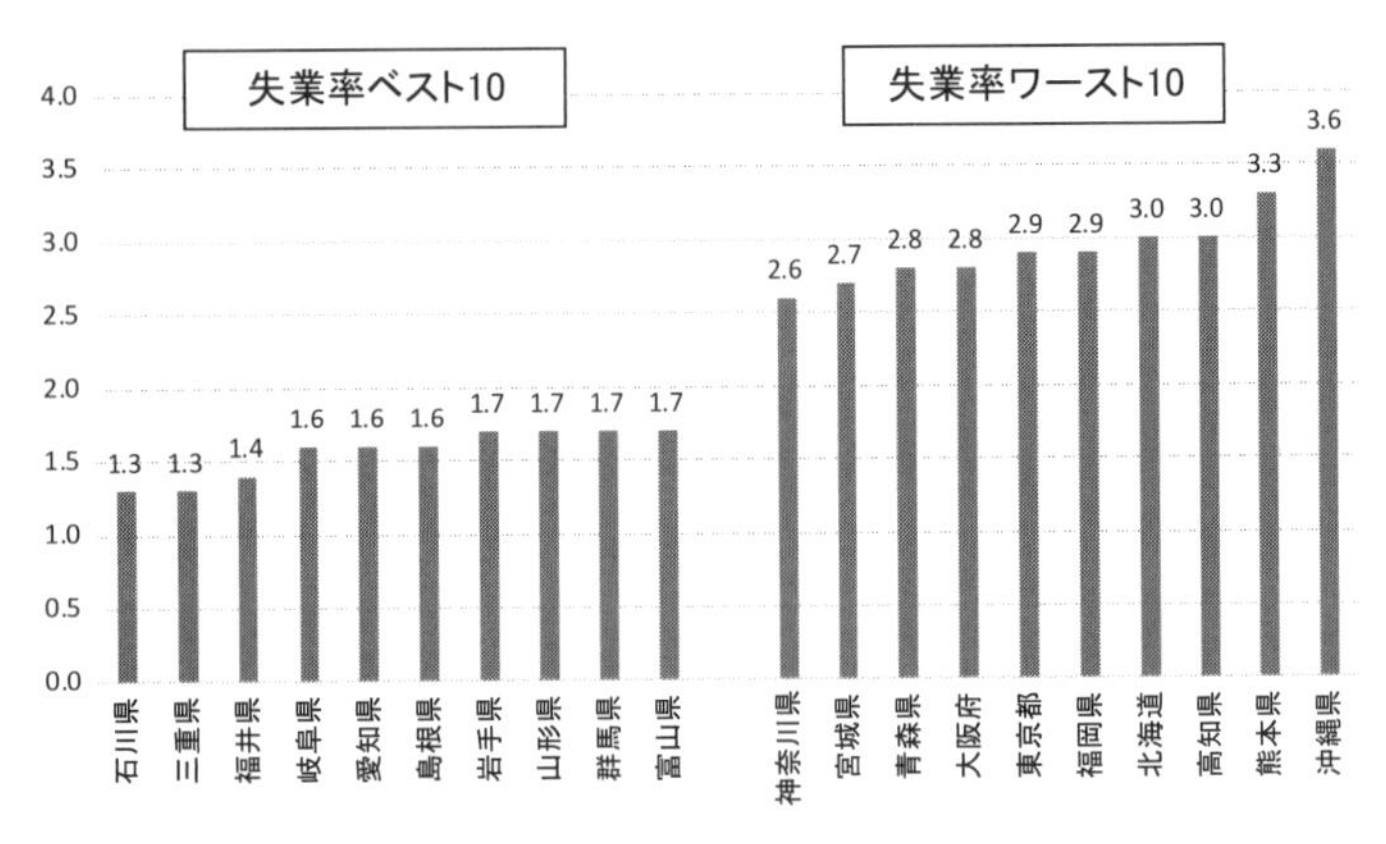

【図8　2018年4-6月期平均　都道府県別失業率（%）】
出典：厚生労働省
※ 2018年4-6月期平均の失業率ベスト10、ワースト10の失業率をグラフ化

は気が付いていないだろうが、実は現在の日本は東京よりもほとんどの「地方」の方が失業率は低くなっているのだ。厳密には、東京よりもはるかに雇用環境が「良い」地方が存在するのである。

図8は、2018年4−6月期平均の都道府県別失業率（モデル推進値）について、ベスト10（失業率が低い）とワースト10（失業率が高い）をグラフ化したものだ。都道府県別の労働力調査は、標本規模も小さく、全国調査と比べると信頼性は低い。それにしても、ベスト10に入っている都道府県の多くが、大都市部がない「地方」であることは注目に値する。ベスト10都道府県の中で、愛知県、岐阜県、三重県は経済圏とし

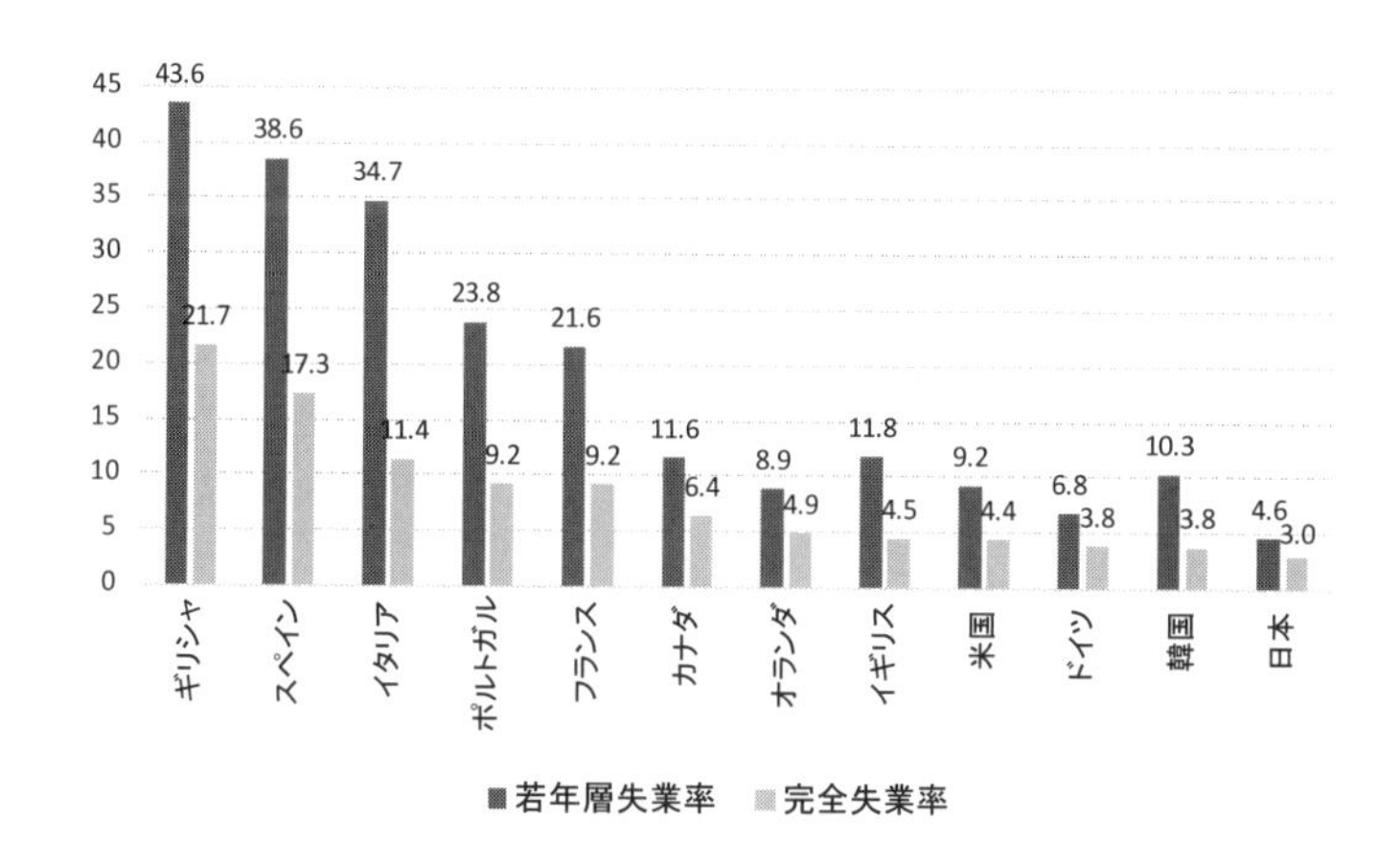

【図９　2017年主要国の完全失業率、若年層失業率（単位：％）】
出典：ＯＥＣＤ

て「名古屋圏」に含まれる。名古屋圏の三県以外が全て「地方」なのである。

逆に、ワースト10には東京都、大阪府、神奈川県、宮城県、福岡県と、百万人都市を抱える都道府県がずらりと並ぶ。ちなみに、埼玉県はワースト11位、京都府がワースト12位であった。現在の日本では、大都市を抱える都道府県の方が、雇用環境はむしろ相対的に「悪い」のだ。

無論、都道府県別失業率は「モデル推進値」なのだが、島根県や石川県といった日本海側の都道府県の失業率が、東京都や大阪府といった大都市圏よりも低い傾向は一貫している。

ところで、安倍政権がデフレ脱却に失敗したのは確かだが、現在の日本の失業率は、例えば最も高失業率の沖縄県（18年4—6月期、3・

6％）であっても、諸外国と比較すると「低い」水準にある。しかも、日本は全体的な失業率はもちろん、若年層失業率も低水準なのだ。若年層失業率とは、15―24歳の労働市場に参加している若者の失業率になる。「労働市場に参加している若者」であるため、学生や主婦などは含まれていない。

相変わらず、ギリシャ、スペイン、イタリアの若年層失業率は凄まじい限りだ。ギリシャなど、若者の4割以上が「職を求めても、職を得られない」状況にある。

また、カナダやイギリス、韓国などは、全体の完全失業率は総じて低いものの、若年層失業率は二ケタだ。これらの国々では、失業という負担を「若い世代」に押し付けていることになる。

日本の場合、全体の失業率が低く、加えて若年層失業率までもが17年時点で5％を切っている。ちなみに、2017年の日本の若年層失業率は、OECD加盟国の中で最も低かった。18年に入って以降も、日本の雇用環境の「改善」は続いており、最新データ（18年12月）は完全失業率が2・4％、若年層失業率は3・3％だった。

実のところ、失業率だけを見れば、日本の雇用環境は「完全雇用」といっても過言ではない水準なのだ。しかも、インフレ率はコアコアCPIベースで0％前後。フィリップス曲線を裏切る「失業率とインフレ率の同時低下」の主因は、果たして何なのだろうか。

消費税増税により、日本の実質賃金と実質消費は激しく落ち込んだ。しかも、所得や消費の落ち込みについて「Ｖ字回復する！」と強弁する政府の期待を裏切り、現実には「Ｌ字型」で推移している。つまりは、全く回復していない。日本国民の実質賃金は、第二次安倍政権発足後に５％以上も下がった。また、実質消費に至っては、リーマンショック後の消費停滞期をも「下回っている」状況にある。

就業者数と実質賃金

現在の日本が「好景気」であると主張する人は、とにもかくにも政権擁護をしたい人を除けば、まず存在しないのではないか。実質賃金と実質消費が同時に落ち込む「好景気」などありえない。

無論、就業者数は増えているが、同時に実質賃金が低迷しているということは、日本国民

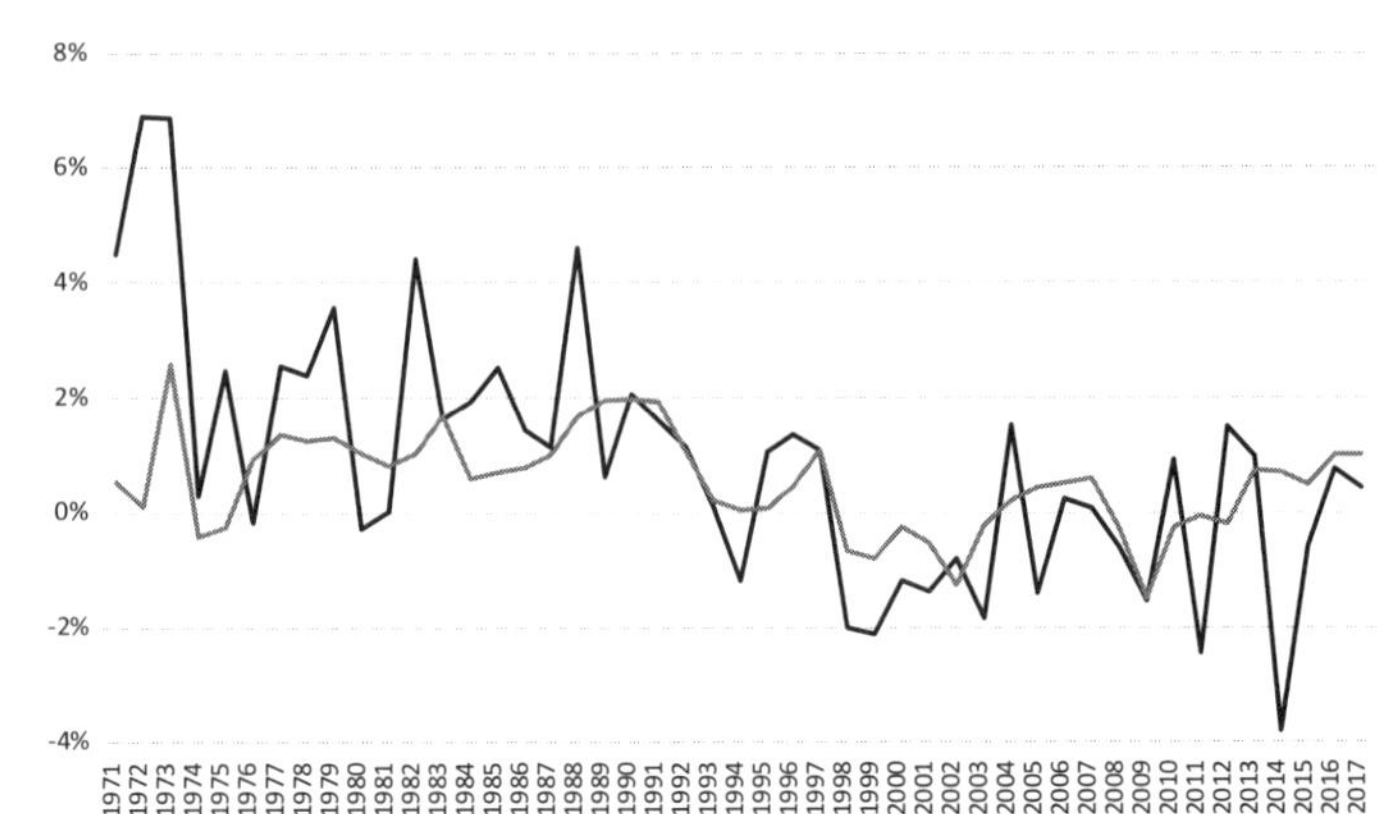

【図10　日本の実質賃金と就業者数の対前年比%（長期）】
出典：統計局（就業者数、勤労者世帯の勤め先収入、物価）

が次第に「安く買い叩かれていっている」ことを意味する。

安倍政権擁護派の中には、

「就業者数が増えているのだから実質賃金が下がるのは当たり前である」

と、筆者を批判する者が少なくない。とはいえ、「当たり前」というならば、最低でも過去のデータを見なければならないだろう。

図10を見れば一目瞭然だが、97年の橋本緊縮財政で日本がデフレに突入する前、ほとんどの年で日本は「実質賃金」も「就業者数」も共に増え続けたのである。例外は、オイルショック期とバブル崩壊時くらいだ。

就業者数が増えているにも関わらず、実質賃金が低迷することは、実は２０１３年以降に「限定」された現象なのである。2013年以降は、確かに就業者の増加と実質賃金の低迷が同時発生している。とはいえ、他の時期にはほとんど見られない。

例えば、2014年は就業者数が増えているにも関わらず、実質賃金が何と対前年比▲4％と、大きく落ち込んだ。普通に考えて、

「消費税増税により一家の大黒柱の実質賃金が下がり、女性が働きに出ざるを得なかったため、就業者数が増えた」

と、解釈するべきではないのか。

ところで、実質賃金は、労働分配率と生産性により決定される。就業者数が増え、同時に実質賃金が低迷するとは、

「企業が労働分配率を減らしているか、生産性が低下しているか、あるいはその双方である」

という意味を持つ。生産性の低下とは、日本の経済が次第に「労働集約的」になっているという話でもある。

通常、国民経済は「人力」に頼らざるを得ない労働集約的構造から、投資の蓄積により資本集約型へとシフトしていく。ところが、我が国は資本主義の進化に逆行してしまっているのだ。

経済が資本集約的なのか、あるいは労働集約的なのかは、やや難しい言葉ではあるが「資本装備率」により決定される。

資本装備率とは何か

例えば、道路を建設する際に、大量の労働者が「ツルハシ」を振りかざし、地面を掘り、岩石を砕いている光景を想像してほしい。「ツルハシ」という装備しか与えられていない労働者と、ブルドーザーなどの建機を使いこなす労働者とでは、どちらの生産性が高いのか、言うまでもない。建機を活用した方が、一人当たりの「道路建設サービス」の生産量は圧倒的に大きくなる。

資本装備率の「資本」とは、おカネの話ではない。資本とは、具体的には道路、トンネル、橋梁、鉄道網、空港、港湾、発電所、送電線網、電波塔、通信ネットワーク、ガスパイプライン、上下水道網、建築物、工場、機械・設備、運搬車両など「生産のために必要な資産（＝

生産資産）」を意味している。

特に、企業の工場、機械・設備、運搬車両といった資本は、設備投資なしでは増えない。道路建設でいえば、企業がブルドーザーなどの機械・設備に「投資」する必要があるわけだ。ちなみに、日本人の多くが勘違いしているが、投資とは「おカネを投じること」ではない。「資本を投じること」だからこそ「投資」なのだ。投資とは、生産活動に資本を投入し、生産性を高めることを意味している。

現在の日本は「カネ本位制」であるが、江戸時代は「コメ本位制」であった。江戸時代には、投資に際して必ずしもおカネは必要なかった。コメで資本を購入することが可能だったわけである。おカネで買おうが、コメで買おうが、資本が生産活動に投じられたならば立派な「投資」だ。

資本主義とは、まさしく「投資」により労働者の生産性を高め、生産量を拡大していく経済モデルになる。生産性を向上することこそが、資本主義の肝なのだ。

理由は、生産性向上により実質賃金が上昇し、国民が豊かになっていく、より分かりやすい表現をすると、

「国民が稼ぐ所得で買えるモノやサービスが増えていく」

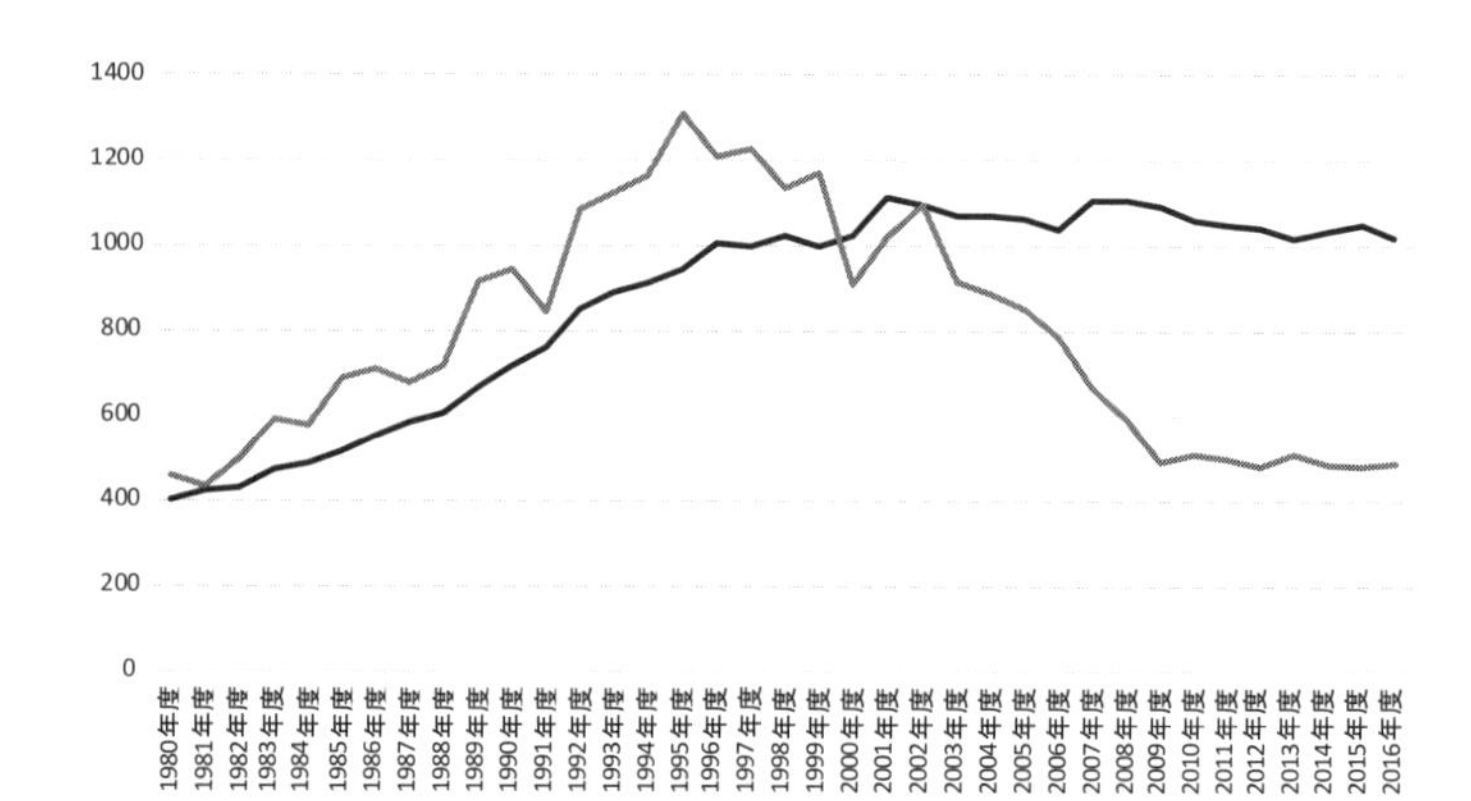

【図 11　日本の産業別資本装備率の推移（万円／人）】
出典：財務省

ためである。我々が実質的に豊かになっていくためには、生産性向上が必須。そして、そのためには資本装備率を高め、労働集約型から資本集約型へと移行していかなければならないのだ。繰り返すが、それこそが資本主義だ。

というわけで、財務省の法人企業統計調査から、過去の日本の資本装備率について、産業別にグラフ化したものが図11になる。

図11の通り、資本装備率は製造業はまだしも「横ばい」程度で推移している。それに対し、サービス業の資本装備率は目を覆いたくなるほど無残だ。日本のサービス業で働く人々は、30年前以下の資本装備で働かされていることになる。まさに、デフレ下で日本人は次第に労働集約的になってきたことが理解できる。

我が国は97年の橋本政権による消費税増税、公共投資削減といった一連の緊縮財政により経済がデフレ化。人が安く買い叩かれる時代が始まった。

経営者は設備投資をせず、資本装備率は低迷。日本経済は次第に労働集約的になっていき、技術や設備ではなく「人の根性」で「安く良い品質の製品・サービス」を提供するという狂気の状況に至った。いわゆる「ブラック企業」でなくとも、経営者が生産性向上の投資を怠り、日本人の労働力に対し、過剰に依存することで生産を成り立たせていたことに変わりはない。

2012年末に第二次安倍政権が発足して以降も、日本の資本装備率は低迷している。つまりは、経営者は資本を増やそうとしていない。

逆に言えば、資本装備率を引き上げずに、需要を満たそうとした場合、経営者は「労働者を増やす」という選択を取らざるを得ない。結果的に、日本では「就業者数は増えているが、実質賃金は落ち込んだまま」という状況に至った。

「就業者数増+実質賃金低下」とは、国家が低生産性の発展途上国、貧困国に落ちぶれていっていることを意味する。働いても、十分な給与を稼げない人が増えている（高齢者の低賃金再雇用や女性のパートタイマー・アルバイト雇用の増加のため）。これは、国民として喜ぶべき現象なのか。

竹中平蔵氏など、いわゆるグローバリストの方々に言わせれば、

「仕事がなく、カネを稼げないよりはマシである」

という話になるのだろうが、本来は高齢者や女性がパートタイマー、アルバイトとして働かなくとも、世帯主の男性の実質賃金が上昇し、国民が豊かに暮らせる国を目指すべきではないのだろうか。少なくとも、政府はそれを目指すべきではないのか。

ちなみに、筆者は、

「女性や高齢者が働けない国は腐っているが、女性や高齢者が働かざるを得ない国は、もっと腐っている」

という価値観の持ち主だ。

一家の大黒柱（主に成人男性）の実質賃金が低下し、世帯収入が伸び悩み、仕方なく奥さんがパートタイマーとして働きに出る国が正しいとは、とても思えない。

地方の疲弊と東京一極集中

ところで、改めて現在の日本は「地方」の方が失業率は低い傾向がある。これが何を意味するのか、改めて考えてみよう。

例えば、島根県や石川県、福井県といった山陰地方や北陸地方の失業率が、なぜ大都市部を下回っているのか。これらの県が、失業率が２％（18年第１―３月四半期の島根県に至っては１％！）を切るほどに景気が良いというならば話は分かるが、本当にそうなのか。

実際に地方を訪れてみればわかる。日本の地方は疲弊している。理由はもちろん複数あるが、最も重大な問題は、政府が地方への交通インフラの整備を怠っていることだ。

２０１８年8月6日、内閣府が18年度経済財政白書を公表したのだが、そこには驚くべきことが書かれていた。

『公共投資は地域経済を下支え

公共投資については、全ての地域で長期的に減少傾向となっていたが、２０１３年度以降の政府の機動的な財政政策の効果もあってその傾向に歯止めがかかり、今回の景気回復局面では、手持ち工事高も高くなる中、高水準でおおむね横ばいで推移している。（第１―

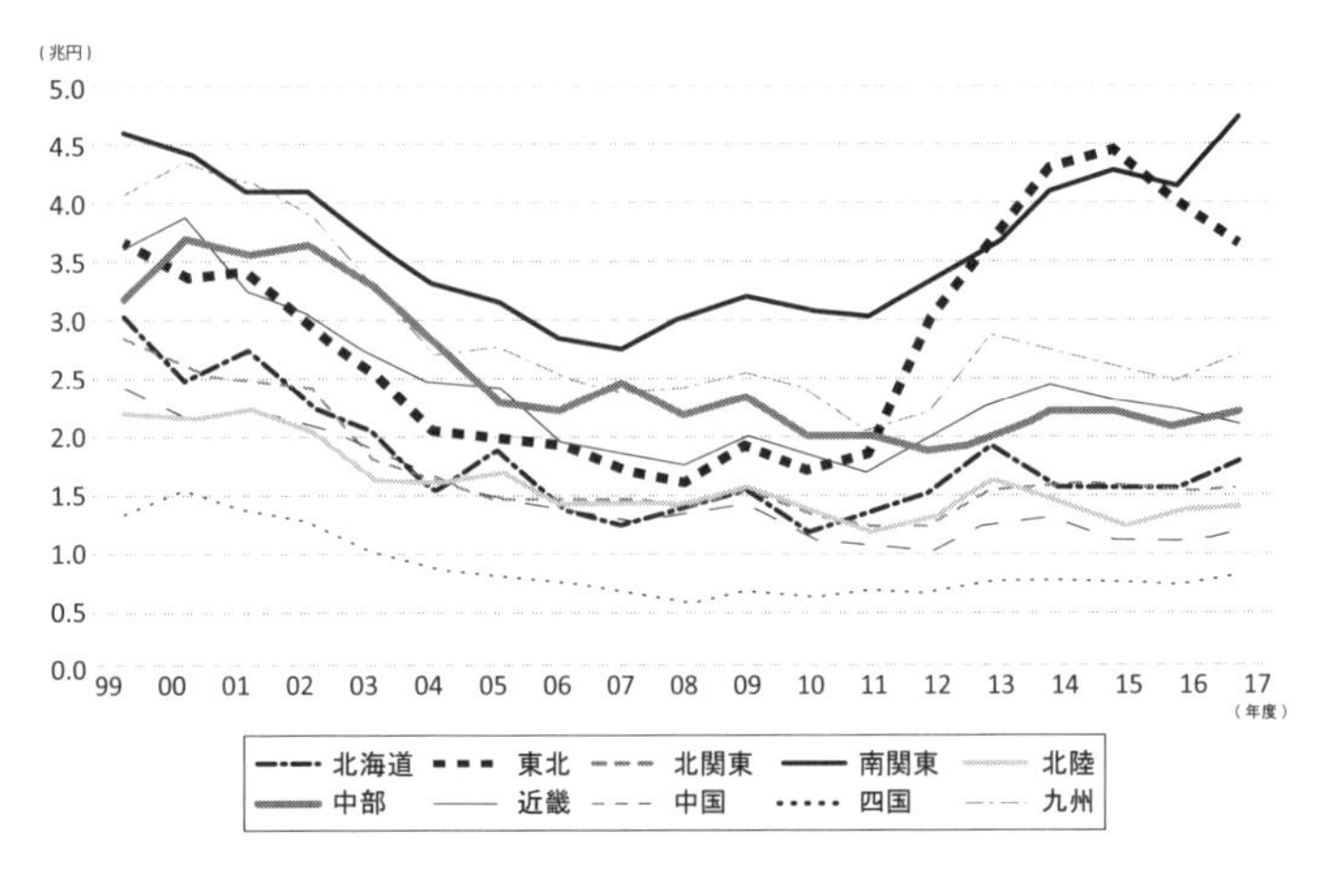

【図12　地域別公共投資出来高の推移（兆円）】
出典：2018年度版経済財政白書

1－11図）（2018年度版経済財政白書）』

ちなみに、公共投資から用地費等を除いた「公的固定資本形成」を見ると、安倍政権下では「横ばい」が続いている。全国の公共投資が横ばいを維持しているにもかかわらず、「公共投資が地域経済を下支え」などということがあり得るのだろうか。というわけで、白書にある（第1－1－11図）を見てみよう。

図12を見れば誰にでも理解できると思うが、白書に「地域経済を下支え」などと書いておきながら、増えているのは「南関東」と「東北」のみだ。南関東とは、要は首都圏。東北は、もちろん東日本大震災の被災地であろう。

南関東と東北以外の地域は、北海道も北関

東も、北陸も中部も、近畿も中国も、四国も九州も、全て1999年水準を下回っており、近年も碌に増えていない。特に酷いのが、四国、中国、そして北陸である。

要するに、全国的な公共投資は増えず、特に「地方」への投資に至っては減少する反対側で、「東京一極集中」を加速する南関東、そして東北被災地への公共投資が増えているだけなのだ。しかも、東北復興の公共投資は早くも減少に転じたため、今後は縮小する一方だろう。

日本政府は、地方について「選択と集中」をしていることになる。東京圏以外の公共投資については増やす気はなく、実際に増やしていないのである。

それにも関わらず、白書に「公共投資は地域経済を下支え」と堂々と書く。あまりの欺瞞ぶりに、怒りさえこみあげてくる。

東北被災地はともかく、日本は公共投資全体の額を拡大しつつ、選択と集中をするならば「東京圏以外の地方」に重点を置かなければならないはずだ。何しろ、日本は東京一極集中などという「贅沢」が許される国土ではない。

日本は、世界屈指の自然災害大国である。

日本の国土面積は、世界のわずか0・25％に過ぎない。ところが、世界のマグニチュード6以上の大地震の内、何と20％が日本で起きている。

日本で地震が多発する理由は、大陸プレートが原因だ。何しろ、太平洋プレート、北アメリカプレート、ユーラシアプレート、フィリピン海プレートと、四つの大陸プレートが交差する真上に存在しているのが日本列島なのである。

また、火山の噴火も少なくない。世界には活火山が１５００あるが、内、７％を占める１１０山が日本にある。ちなみに、現在の「活火山」の定義は、「概ね過去1万年以内に噴火した火山、及び現在活発な噴気活動のある火山」とされている。

さらには、日本列島は台風の通り道に位置している。しかも、雨季（梅雨）もある。日本は台風や豪雨により、水害、土砂災害が多発する国でもある。

豪雪災害も少なくない。人口10万人以上の世界の都市の年間降雪量を比較すると7位が秋田市、3位が富山市、2位が札幌市、そして「首位」が青森市と、ベスト10に4市がランクインしている。

驚くべきデータをご紹介しよう。日本のＧＤＰは、世界の6％程度であるのに対し、災害被害総額の17・5％が我が国なのだ（平成26年版防災白書）。我が国は、まさに「自然災害のデパート」だ。

自然災害が多発する以上、国民は可能な限り「分散」して暮らさなければならない。それにも関わらず、日本は東京一極集中を進めてしまった。日本国民は、東京一極集中を「日本全体の国難」であると認識しなければならない。

第2章 国難をもたらす東京一極集中

世界最大のメガロポリス

東京一極集中の「歴史」については第3章に譲るが、とりあえず高度成長期以降の都道府県間の人口移動を見てみよう。

図13の通り、高度成長期は途轍もない勢いで三大都市圏以外の地方から人口が流出した。一時は、年間60万人超もの人々が、地方から東京圏、名古屋圏、大阪圏に雪崩れ込んだわけだから、半端ない。

高度成長期が終わると、名古屋圏や大阪圏への人口流入は止まった。ところが、東京圏への移動は続き、バブル崩壊時を唯一の例外に「地方⇒東京圏」の人口移動が継続しているわけである。

ちなみに、同じ東京一極集中でも、高度成長期とバブル崩壊後は事情が異なる。

高度成長期は、国土交通省の調査によると、人口は所得水準が相対的に高く、雇用情勢が良好な地域に移動している。当たり前の話だが、雇用と所得こそが人口移動を引き起こす主

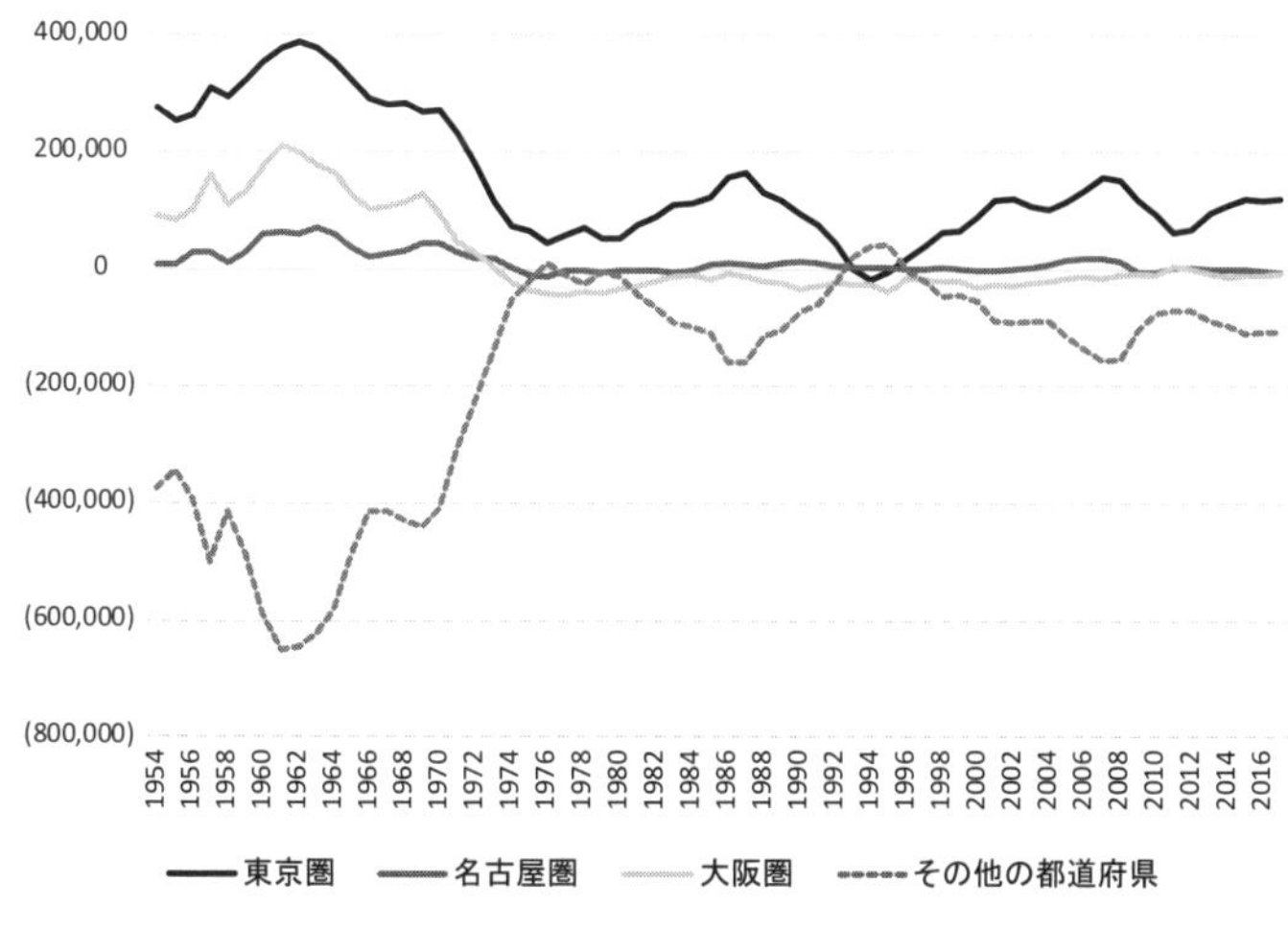

【図 13　都道府県間の人口移動】
出典：統計局

因になっているわけだ。

１９９０年のバブル崩壊以前は、東京圏の転入超過率は所得格差との相関が高かった。すなわち、東京圏と地方の所得の「差」こそが、水が高いところから低いところに流れるように、大規模な人口移動をもたらしていたのだ。

ところが、バブル崩壊後には東京の転入超過率は有効求人倍率との相関が強くなった。所得の差ではなく、そもそも「雇用があるか否か」が、国内の人口移動を引き起こす主因になったのである。分かりやすく書くと、バブル崩壊後に東京圏への人口移動が継続した理由は、

「そこに職があるから」

という話である。

すでに半世紀以上も東京一極集中が続いた結果、東京圏（東京都、神奈川県、埼玉県、千葉県）の人口は2016年時点で3790万人（Demographia World Urban Areas）に達し、世界最大のメガロポリスとして地球上に君臨している。

なぜ、東京圏がここまで巨大化したのか。もちろん、地方から人口が流れ込み続けたためだが、交通インフラの充実という要素は見逃せない。

例えば、東京圏の次、二番目に大きいメガロポリスは、インドネシアのジャカルタ圏だ。ジャカルタの2016年における人口は3176万人。インドネシアは日本とは異なり、綺麗な円錐形の人口ピラミッドとなっている。つまりは、若年層が多い。

若年層が多く、今後も人口が増え続けるとなると、やがてジャカルタ圏が東京圏を追い抜き、世界最大のメガロポリスとなるのだろうか。正直、そうは思わない。

理由は、ジャカルタ圏の交通インフラの劣悪さにある。ジャカルタといえば、世界最悪の渋滞で有名だ。とにもかくにも、ジャカルタ市内は常に大渋滞が続いており、日本人の想像の域を超えている。通常であれば30分で到着する目的地まで、3時間もかかってしまうといったことは日常茶飯事だ。

ジャカルタの渋滞がひどい理由は、まずは道路に「信号機」が極端に少ないことである。筆者のジャカルタ訪問時、交差点を曲がればホテルに到着するにも関わらず、目の前をバイクの大群が横切り続け、曲がるに曲がれず、30分も時間をロスしたことがあった。信号がないため、どうにも動きようがないのだ。

しかも、車線数が理不尽に変わる。四車線が、いきなり一車線になったりするわけだ。渋滞しない方がおかしい。

さらに、運転免許の制度は存在するものの、有名無実化してしまっている。何しろ、免許不所持が警官にばれても、賄賂を払えば見逃してもらえる。

車検制度という規制がなく、老朽化し、スピードを出せないトラックも平気で走っている。この手のトラックが高速に入ると、当たり前だが途端に大渋滞。

そもそも、インドネシア政府はジャカルタのバイク保有「規制」をかけるべきだったのだ。東京都のバイク登録台数が47万台であるのに対し、ジャカルタは何と７００万台！　である。乗用車の車両登録台数も激増し、過去7年間で自動車が１００万台から２００万台へと倍増した。

さらには、道路の端でタクシーではなく「バス」が客待ちをしているという、信じがたい光景も見かけた。バスに客待ちをされてしまうと、一車線が丸々潰れる。さすがに、客待ちバスは違法のようで、ジャカルタ特別州交通局が散々に警告を繰り返しているのだが、一向に改善しない。

また、Ｇｏｊｅｋ（バイク版ウーバーのようなサービス）といった運送サービスも、一切の規制がないため、有り余る若者が緑色のジャケットを身に着け、バイクで走り回る。当たり前だが、渋滞はひたすら悪化する。

インドネシア政府はジャカルタに地下鉄を建設するなど、渋滞解消の努力はしている。とはいえ、そもそもジャカルタは東京と「交通の文化」が違う。ブルームバーグ誌は10月10日に、「東京がジャカルタに抜かれる、30年までに人口世界一の座失う見通し」という見出しの記事を配信し、東京は人口世界一の都市圏としての地位を、２０３０年までにジャカルタに譲るという、ユーロモニター・インターナショナルの予想を報じていた。とはいえ、現実にはそうはならないだろう。ジャカルタは交通渋滞がボトルネックとなり、人口増は止まる。

逆に考えてみよう。なぜ、東京圏はここまで成長したのか。しかも、３７９０万人という膨大な人々が暮らしているにも関わらず、ジャカルタのような破滅的な交通渋滞は起きていない。何故なのか。理由は、交通の文化にある。

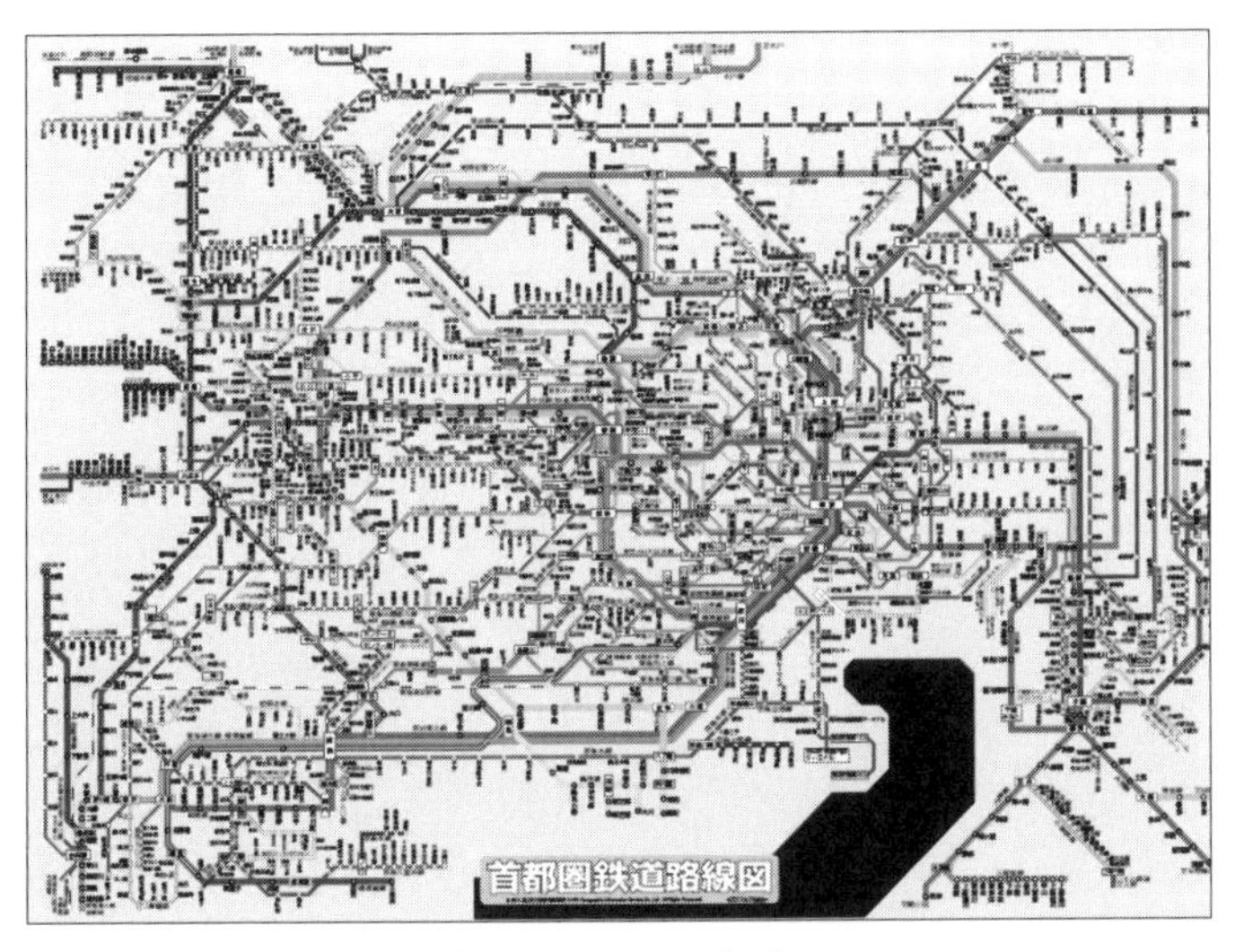

【図14　首都圏の鉄道網】
出典：http://www.chiri.com/railwaymap/pdf/syutoken_rosen_201003.pdf

日本の東京圏は、交通文化は「徒歩と鉄道」が基本なのである。特に、戦前は誰もが徒歩と鉄道で移動していた。1960年代にマイカーブームが起きると、道路インフラが不十分で、確かに交通渋滞が発生するようになった。とはいえ、現在のインドネシアをはじめとする東南アジア諸国で見かけるような、
「膨大なバイクが街の道路を埋め尽くす」
といった状況には、ついに一度もならなかったのである。

理由は、もちろん鉄道網が世界最高の密度で整備されていたためだ。

図14は首都圏の鉄道路線図なのだが、

これほどまでに過密な鉄道ネットワークが存在する地域は、世界の中で東京圏のみである。図14の鉄道ネットワークについて、全て説明できる人は、相当な鉄道オタクである。

まさに「密集している」と表現できるほどに鉄道ネットワークが充実している東京圏に比べ、ジャカルタはメインの鉄道路線が5本しかない。人々は基本的には自動車かバイクで動くしかなく、しかも道路がそもそも「徒歩」を前提に作られていない。ジャカルタの街を「徒歩で散策」するといったことは、不可能とは言わないが、「道路インフラ」が甚だしく不親切だ。結局、数千万の人々は自動車とバイクで移動せざるを得ず、大渋滞が常に発生しているというわけである。

東京圏では、ほとんどの人々が通勤や通学で「徒歩＋鉄道」を利用する。無論、通勤ラッシュ、満員電車等の問題は発生しているが、道路の渋滞はそれほどでもなく、物流という経済の要たるサービスは、それなりの水準で維持されてきた。というよりも、日本で最も道路インフラに投資が行われたのもまた、東京圏なのである。

東京圏では、図11の通り政府の公共投資が継続している。無論、民間のインフラ整備も盛んだ。筆者は東京都民でありながら、セキュリティの理由で常に自動車移動なのだが、過去10年間の東京圏の高速道路の充実ぶりには目を見張るものがある。

２０１４年6月28日、相模原愛川ＩＣと高尾山ＩＣ間が開通した。結果的に、中央自動車道の八王子と、東名高速道路の厚木が接続されたのである。筆者は東名高速道路を頻繁に使うのだが、東京に向かう際に厚木から先が渋滞しているケースが実に多い。その場合、圏央道を八王子まで北上し、中央自動車道で新宿に向かう形で「迂回」が可能になったのだ。

さらに、２０１５年3月7日、大橋ＪＣＴと大井ＪＣＴ間の山手トンネルが開通。首都高速中央環状線が完成した。板橋、池袋、新宿、渋谷方面と、羽田空港までが最短距離で結ばれることになったのである。何しろ、それまで渋谷から羽田空港まで行くためには、わざわざレインボーブリッジを渡り、お台場から回り込まなければならなかったため、山手トンネル開通による渋滞解消や時短の効果は途轍もなかった。

筆者は品川に住んでいるのだが、山手トンネルが開通し、五反田にＩＣができたことで絶大な影響を受けている。それまで品川から渋谷、新宿に向かうには、万年渋滞の山手通りを通るしかなかった。ところが、山手トンネル開通後は、五反田から高速に乗り、渋谷も新宿も「数分」で到着してしまう。また、東名高速道路や中央自動車道にもすぐに入れる。

ところで、品川といえば、近辺に高速道路のＩＣが何と五つもある。銀座方面に向かうならば芝浦ＩＣ。新宿方面は五反田ＩＣ。浦安、ディズニーランド方面は大井ＩＣ。羽田空港方面は、大井南ＩＣ。そして、横浜方面は勝島ＩＣ。

さらには、高速道路がネットワーク化されているため、特定の箇所が渋滞していた場合には「迂回」が可能なのである。例えば、芝浦ＩＣから首都高速道路に乗り、埼玉方面に向かおうとした際に、銀座近辺が渋滞していたとする。その場合、浜崎橋ＪＣＴを左方向に向かい、谷町ＪＣＴと三宅坂ＪＣＴを右方向に進むと、渋滞個所を完璧に迂回し、埼玉に向かうことができる。

高速道路に限らない。品川駅には山手線、京浜東北線、東海道線、横須賀線などのＪＲ線に加えて、京浜急行線、さらには東海道新幹線が通っている。その上、ＪＲ東海は２０２７年までにリニア中央新幹線を開通させる予定になっており、リニアのターミナルもまた品川駅なのである。

品川は極端だが、東京圏の異様なまでの交通インフラの充実ぶりに比べ、地方は見捨てられたのも同然になっている。例えば、日本には福島から山形を抜け、秋田に至る奥羽新幹線、新青森から新潟を抜けて富山に至る羽越新幹線、山陰新幹線、四国新幹線、東九州新幹線など、未整備の新幹線の基本計画が存在する。これらの新幹線の基本計画が決定されたのは、およそ半世紀も前のことなのである。50年経ち、未だに整備計画化さえされていない（新幹線は基本計画⇒整備計画⇒事業化、というプロセスで整備されていく）。

高速道路にしても、未だに「途切れている」箇所、いわゆるミッシングリンクが多数、存在している。ちなみに、安倍晋三内閣総理大臣の地元である下関―長門間ですら、高速道路が存在しないミッシングリンクとなっている。

高速道路の整備が進んでいる地方にしても、

「片側一車線、対面通行、真ん中ポール立て」

と、筆者が呼ぶ「暫定二車線」が少なくない。二車線対面通行の高速道路など、世界の常識から見れば〝異常〟である。

暫定二車線の場合、四車線以上の区間と比較すると、制限速度が低くなる。さらに、追い越しが不可能であるため、低速車両が走っていると、全体として速度低下に至る。

しかも、当たり前だが対面通行で間にポールが立っているだけであり、一度、事故が発生すると重大事故になる傾向が強い。その上、災害発生時に同行速度が低下し、復旧工事時には通行止めにするか、もしくは片側交互通行にせざるを得ない。大雪が発生した場合、狭隘（きょうあい）な道路空間と化し、路肩排雪をせざるを得ないため、やはり通行止めになってしまう。

暫定二車線の高速道路など、発展途上国であっても「高速道路」とは呼ばないだろう。と

ころが、そんな低レベルの高速道路であっても、開通すると日本各地の住民は、

「ああ、これで便利になった」

と、喜んでいる有様なのだ。

２０１６年末時点で、日本の高規格幹線道路の延長距離は１万１３１５kmである。そのうち、暫定二車線区間は４１１２km。実に、36%にも及んでいる。

ところで、なぜ暫定二車線は「暫定」なのだろうか。無論、本来の整備計画では片側二車線の四車線道路を作る予定になっているためだ。しかも、暫定二車線区間のほとんどで、四車線道路建設のための用地は買収されている。

四車線道路建設の用地買収は終了しているにもかかわらず、二車線でしか造っていない。理由はもちろん、97年以降の日本政府が公共投資を容赦なく削減していったためだ。予算の問題で、四車線道路が建設できず、不便な上に重大事故が多発する「暫定」二車線で整備されてしまったのである。

公共投資から用地費等を除いた公的固定資本形成は、97年までは年間45兆円規模だったのが、その後はひたすら削減され、２０１８年には28兆円を割り込んだ水準で低迷している。

特に、小泉政権期の公共投資削減の影響で、本来は四車線の高速道路を建設する予定が「暫定」

二車線になってしまったのだ。

新幹線にせよ、高速道路にせよ、国民が所得を稼ぐための「生産資産」である。生産資産が不足している地域では、国民がモノやサービスを生産することはできない。あるいは、生産が可能だったとしても、生産性は著しく下がってしまう。

例えば、運送サービスについて考えてみよう。

A地点からB地点まで、荷物を運ぶ運送サービスにとって、交通インフラは生産性に決定的な影響を与える。信号だらけの一般道路で大型トラックを走らせ、A地点からB地点に辿りつくために、８時間を必要とした。それに対し、高速道路を走れば4時間で済んだ。

すると、トラックを運転したドライバーは、B地点から別の荷物をC地点に運ぶことが可能になるわけだ。車両やドライバーの数が変わらなくとも、運ばれる荷物の量は増える。つまりは、運送サービスの生産性が上昇したわけである。

別に高速道路に限らないが、資本主義経済において、生産性を決定するのは生産資産の蓄積だ。生産資産の蓄積が不十分な地域、あるいは「国」では、必然的に生産者の生産性は下がってしまう。つまりは、同じ時間を労働に費やしたとしても、稼ぐ所得が小さくなってしまうのである。

いわゆる経済力とは、おカネの話ではない。おカネなど、中央銀行や中央政府がその気になれば、いくらでも発行できる。

経済力とはおカネの量ではなく、モノやサービスを生産する力を意味している。そして経済力を決定するのは、生産資産の蓄積なのだ。生産資産がなければ、人々はどれだけ懸命に働いたとしても生産性を高めることはできず、所得も増えない。

発展途上国が「貧乏」なのは、おカネの不足が原因ではないのだ。生産資産の蓄積、つまりは過去の投資が足りないからこそ、人々は所得を稼げず、貧困に苦しむことになるのである。日本は東京一極集中を進め、地方の公共インフラの整備をなおざりにしている。つまりは、地方の発展途上国化を放置していることになる。

東京圏は、インフラが整備されているが故に、人口が流入し続ける。人口が増えると、生産者は「サービス業」で雇用され、所得を稼ぐことが容易になる。

具体的な例を出すと、外食サービスだ。外食サービス一つとっても、東京ほど多種多様（かつ美味しい）な食を楽しめる都市は、世界中に一つもない。それもまた、東京に人を惹きつける一因になっている。

人口流入による市場拡大が、マイナーな国の料理を供するレストランであっても、存続可

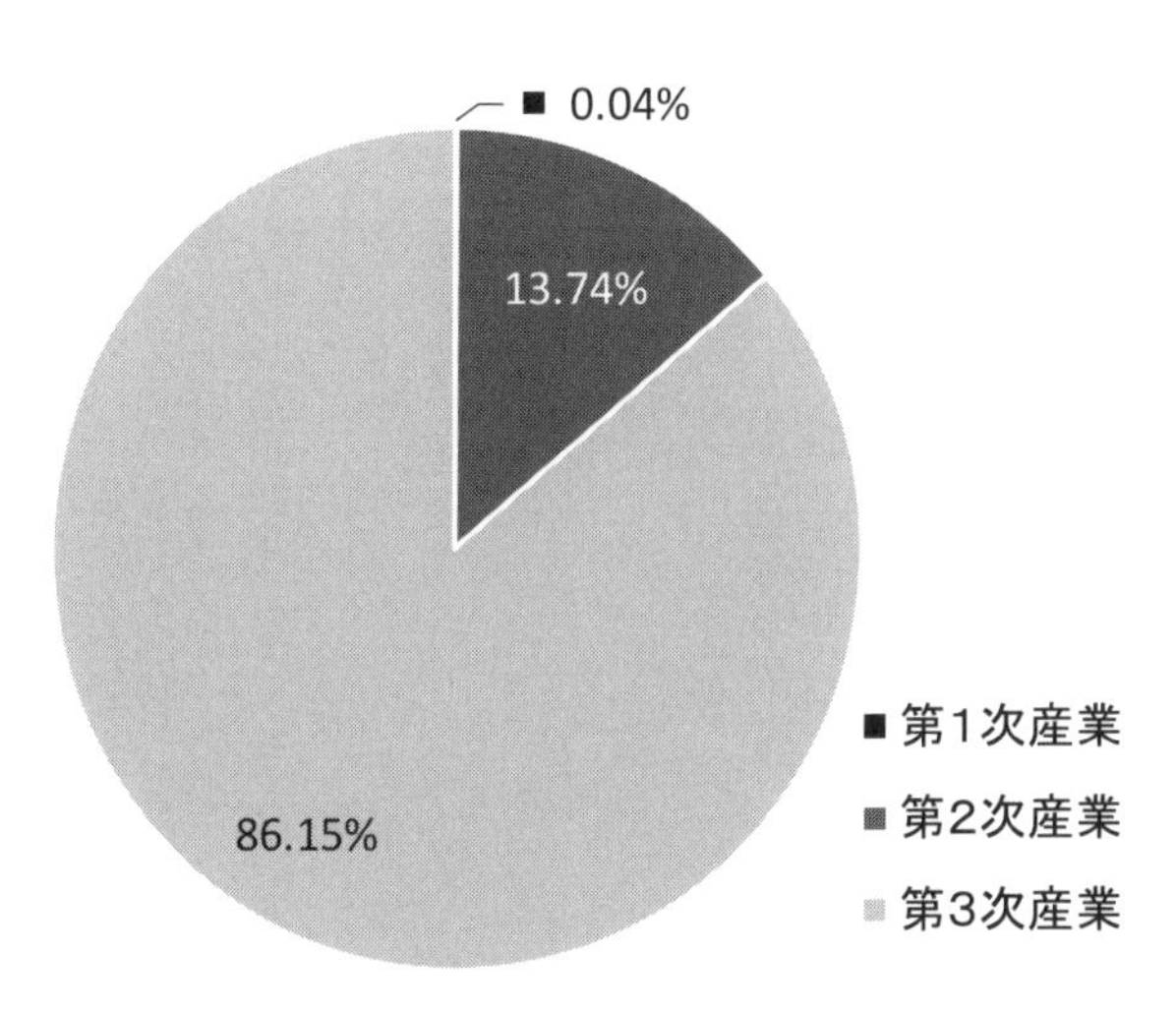

【図15　2015年　東京の産業別県民経済計算】
出典：内閣府

能としているのだ。

　サービスとは、基本的には在庫ができない。サービスは、生産と消費が同時に行われる。というわけで、サービス業の発展のためには、人口が集中していればいるほど都合がいい。

　図15は、２０１５年の東京の県民経済計算（ＧＤＰの都道府県版）について、産業別にグラフ化したものだ。

　東京の県民経済計算の特徴は、第二次産業（製造業など）の割合が13・８％と小さいことである。全国のＧＤＰで見ると、２０１５年の第二次産業は27・２％であるため、およそ半分だ。東京都の経済が第三次産業、つまりは「サービス業」に依存していることがよくわかる。

東京一極集中と自然災害大国

現在の日本の東京一極集中は、地方に「発展途上国化」をもたらしていると同時に、東京圏の住民までをも危険にさらしている。何しろ、先述の通り、我が国は世界屈指の自然災害大国なのである。

いざ、大震災などの自然災害が勃発した際には、日本国民は「助け合う」必要がある。さもなければ、生き延びることができない。

例えば、東日本大震災のような大地震が発生した際に、我々は「一人」で立ち向かうことができるだろうか。絶対に不可能だ。

大震災に直面し、被災者となった我々を助けてくれるのは、果たして誰だろうか。アメリカや中国、その他の外国ではない。被災地以外に住む、別の地域の日本国民が被災者を助ける。

もちろん、被災地が復興し、別の地域で大規模自然災害が発生した際には、元・被災者が新たな被災地を助けるのだ。この種の「国民同士の助け合い」の気持ちこそが、ナショナリズム（国民意識）と呼ばれる。

大東亜戦争敗北後の我が国では、ナショナリズムと聞くと、

「軍靴の音が聞こえる」

といった、陳腐でお花畑な反応が返ってくるわけだ。とはいえ、そもそもナショナリズムとは、非常事態が発生した際の「国民同士の助け合い」の気持ちなのである。無論、非常事態には「戦争」も含まれるが、我が国においては特に自然災害発生時の助け合いを成立させることこそが、国民が生き延びるカギになる。

例えば、2008年に中国で四川大地震が発生し、6万人以上が亡くなった。

四川の大震災の映像を見て、

「可哀想……」

と、思った日本国民は少なくないだろう。だからと言って、自分の身を挺してまで「被災者を救いたい」とは思わなかったはずだ。

それに対し、2011年の東日本大震災のときはどうだっただろうか。悲惨な被災地の光

景を見て、自らの身を削ってでも、何としても被災者を救いたいと考えた国民がほとんどであろう。実際、被災者を助けるために膨大な土木・建設業者、警察、消防、自衛隊、運送業者が懸命に働き、さらには大勢のボランティアが東北に向かった。

なぜ、四川大地震と東日本大震災で、我々の被災者に対する思いが異なるのだろう。もちろん、四川大地震の被災者は中国人民、つまりは外国人で、東日本大震災で被災した人々は「同じ日本国民」だったためである。この種の「同じ国民なのだから、何としても助けたい」と感じる気持ちこそが、ナショナリズムの本質だ。

東日本大震災の際には、別の地域の日本国民が被災者を助ける。東北復興が成ったのち、別の地域で大規模自然災害が発生したならば、今度は東北住民も「助ける側」に参加する。国民同士が助け合う健全なナショナリズム無しで、我々はこの災害列島で生き延びることはできない。

とはいえ、ナショナリズムが存在したとしても、日本各地にモノやサービスを生産する力、すなわち「経済力」がなければ、どうにもならない。

例えば、日本列島が東京圏を除きほとんどが砂漠で、投資も行われず、生産資産が蓄積されていないと想像してみよう。砂漠である以上、住民の数は極端に少ない。モノやサービスの生産能力もない。つまりは、経済力が小さい。

その状況で、東京圏で大震災が起きたらどうなるだろうか。各地の国民は懸命に東京圏の被災者を救おうとするかも知れない。とはいえ、経済力が不足している以上、被災地への救援は不可能だ。結果的に、東京圏の被災者は次々に命を失う。

2014年2月の豪雪災害で大きな被害を受けた山梨県には、除雪車が不足していた。そのため、新潟県から除雪のプロたちが除雪車とともに駆けつけ、救援活動を行ったのである。当時、山梨県の近隣に「除雪サービス」を十分に蓄積した地域がなかった場合、被害がさらに拡大したことは疑いない。

あるいは、2018年2月、雪国の福井県において、やはり豪雪災害が発生。福井県の多くの地域が、陸の孤島と化した。福井中の除雪車がフル稼働したものの、それでも被害を食い止めることはできなかった。雪国であっても、除雪サービスが不十分では、住民を救えないのだ。

2018年は豪雪災害以外にも、災害が多発した1年であった。4月には島根県西部地震（震度5強）が発生し、9人負傷、1000軒以上の家屋が被害。6月に大阪府北部地震（震度6強）、死者5名。高槻市などで断水停電が相次いだ。

7月には西日本豪雨災害。水害土砂災害により、死者は200人を超えた。8月には台風12号が上陸。

しかも、18年の夏は、6―8月の平均気温が東日本で+1・7度、西日本で+1・1度と、統計開始以来最も高くなった。必然、日本全国で熱中症が頻発。7月に熱中症により緊急搬送された人が5万人を超え、死者は133人に達した。

さらに、9月には台風21号が上陸。西日本各地でトラックが横転、家が倒壊する豪風被害多発。8府県で約160万8000戸が停電。強風に煽られて漂流したタンカーが関西国際空港連絡橋に衝突。連絡橋が使用不可能になった。

そして、9月6日に北海道胆振(いぶり)地方を震源とする震度7の地震が発生。44人が死亡し、ついに北海道電力の営業地域ほぼ全てが停電する「全道ブラックアウト」というカタストロフィまでもが発生してしまった。

過去の投資により、未だそれなりの生産資産が蓄積されている日本国だからこそ、何とか復旧や復興を進めることができている。これが、生産資産蓄積が不十分な発展途上国の場合、被災地には「見捨てられる」以外の道がない。

もっとも、東京一極集中は地方を発展途上化させていっている。投資が東京圏にばかり集中し、地方の生産資産が劣化。地方はモノやサービスの生産能力を日に日に喪失していっているわけだ。

このまま地方が衰退し、その状況で首都直下型地震が発生したらどうなるのか。各地の日本国民がナショナリズムに基づき、被災地や被災者を助けようとしても、手の打ちようがない。首都圏の何百万、下手をすると１０００万人を超す被災者は、刻一刻と「死」が迫る、悲惨な状況に叩き込まれることになる。

東京一極集中は、東京圏の住民にとっても「防災安全保障」上の危機なのだ。自然災害大国である日本が一極集中を進めるなど、言語道断なのである。

日本国が自然災害大国である以上、国民は可能な限り分散して暮らさなければならない。その上で、各地域が経済成長を達成する。日本全国であまねく経済力を強化し、いずこかの地で自然災害が発生したならば、互いに助け合う。それができない場合、この過酷な列島で人間は暮らしていくことが不可能なのである。

もっとも、こと「経済成長」のみを考えた場合、人口が集中していた方が都合が良い。理由はもちろん、「サービス業」中心の経済成長が容易になるためである。交通インフラが集中し、人口が過度に増大している東京の県民経済計算において、サービス産業が86％に達しているのは当然だ。

自然災害大国である以上、国民は分散して暮らす必要がある。

経済成長、経済力強化のためには、人口が集中していた方が都合が良い。

一見、矛盾する上記を「同時に達成」することは可能だろうか。つまりは、国民を分散させつつ、集中させるわけである。

そんなことは不可能である。と、思われた読者が少なくないだろうが、そんなことはない。一つだけ、人口の分散と集中を同時に実現する方法があるのだ。

すなわち、新幹線や高速鉄道、高速道路といった交通インフラの整備である。

2015年3月、北陸新幹線が金沢まで開通した。北陸新幹線を金沢まで延伸した際の経済効果について、日本政策投資銀行は事前に125億円と試算していたのである。ところが、蓋を開けてみると678億円。事前試算の5・4倍に達した。

また、観光客の増加も凄まじかった。日本政策投資銀行の事前試算が32万人増だったのに対し、実際には258万人。想定の8倍を超える人々が、金沢に押し寄せたのである。

北陸新幹線は、東京駅と金沢駅の間を最短で2時間半で結ぶ。しかも、東京駅で新幹線に乗車すると、乗り換えがないという点がポイントだ。

乗り換えなしで、2時間半で金沢駅に到着する。結果的に、金沢「経済」は人口3700万人を超す、世界最大のメガロポリスをサービス産業の市場に取り込むことに成功したのである。無論、飲食や宿泊といった観光系のサービスのみならず、観光客の食事の「原材料」を生産する農業や漁業までもが活況に沸いている。さらには、農産物や魚介類を生産地から消費地（金沢市）に運ぶ運送サービスや加工業者も、仕事が増えることになる。

金沢駅と東京駅は、直線距離にして約300㎞離れている。首都直下型地震が起きたとしても、金沢には何の被害もないだろう。

とはいえ、金沢は北陸新幹線により経済の市場に東京圏を取り込むことに成功した。結果的に、金沢は大いに「経済力」を高めていっている。

あるいは、千葉市の測量サービス業は、最近、神奈川県からの受注が増えている。理由は、もちろんアクアラインの存在だ。

測量サービスは、現在、途轍もない人手不足に陥っている。測量や建築、土木の有効求人倍率は、2017年平均で何と5・61倍。つまりは、求職者1人に対し、求人が5募集以上もあるわけだ。

というわけで、相対的に測量技師の人手不足が深刻化している神奈川県の仕事を、千葉市の業者が受注しているわけである。もっとも、千葉県と神奈川県を結ぶアクアラインが存在しない、あるいは通行料金が以前のように高額だった場合は、千葉県の業者は神奈川県で測量サービスを提供することは困難だっただろう。

2009年、千葉県の森田健作知事が、アクアラインの通行料を片道800円に引き下げた。そこに、神奈川県の測量技術者の極端な不足という要因が加わった。

というわけで、千葉市の測量業者は神奈川県までをも「市場」と化すことに成功したのである。

高速道路や新幹線により、日本各地を結びつけることで、各地のサービス産業は「別の地域」を市場と化し、全体として経済力を強化することが可能になる。とはいえ、分散して暮らしていることに変わりはないのだ。

日本が目指すべき道は、東京圏ではなく「東京圏と地方」あるいは「地方と地方」を交通インフラで結ぶことで、人口の分散と市場の集中を実現することだ。まさに、There is no alternative（他に道はない）だ。

ところが、現実には地方のインフラ整備は先送りが繰り返され、ひたすら東京一極集中が続いている。まさに、亡国の道だ。

東京一極集中は、東京圏の住民を含む全ての日本国民を危険にさらしている。防災安全保障が、次第に弱体化していっているのだ。

同時に、日本の少子化を加速している。このまま東京一極集中が続くと、日本人は年々「少なくなっていく」ことになる。

東京一極集中と少子化

日本は、なぜ少子化が続いているのか。

意外に思われるかも知れないが、結婚している（有配偶）女性一人当たりが産む子供の数、すなわち有配偶出生率は、国勢調査を見る限り、１９９０年の66人／１０００人を底に回復傾向にある。直近データである２０１５年の国勢調査では、75・９人／１０００人であった。

婚姻した女性が産む子供の数は増えている。それにも関わらず、少子化は続く。

理由はもちろん、婚姻率が低下しているためだ。結婚自体が減っているからこそ、子供が生まれないのである。

有配偶率を見ると、１９８０年が64・2％だったのに対し、２０１５年は56・3％。しかも、有配偶率は一貫して下落傾向にあり、回復の兆しが全く見えない。

まずは、日本の少子化は「結婚しない日本人が増えている」からこそ引き起こされているという「事実」を抑えて欲しい。

その上で、なぜ日本で結婚が減っているのだろうかということを考える必要がある。

少子化白書２０１８のアンケート調査によると、18歳から34歳までの未婚者の内、「いずれ、結婚するつもり」と答えた者は、男性85・7％、女性89・3％であった。過去30年間では若干の低下はあるものの、男女ともに依然として高い水準を維持している。

実は、欧米諸国と比べると、日本人の未婚者の結婚願望は相対的に強い。ほとんどの未婚者が将来的な結婚を望んでいるにも関わらず、なぜ有配偶率が下落の一途をたどっているのだろうか。

理由は、大きく二つある。

一つ目は、もちろん所得水準の低下である。

図16の通り、所得階層別雇用者数について97年と２０１２年を比較すると、全体的に所得水準が左にシフトしていることがわかる。つまりは、所得が少なくなっているのだ。

特に、30代の所得を見ると、97年は「５００万円台」が25％近くで、最大だったのが、12年には「３００万円台」が最多になってしまっている。また、97年には５％前後だった年収３００万円未満が、12年には10％前後にまで拡大している。

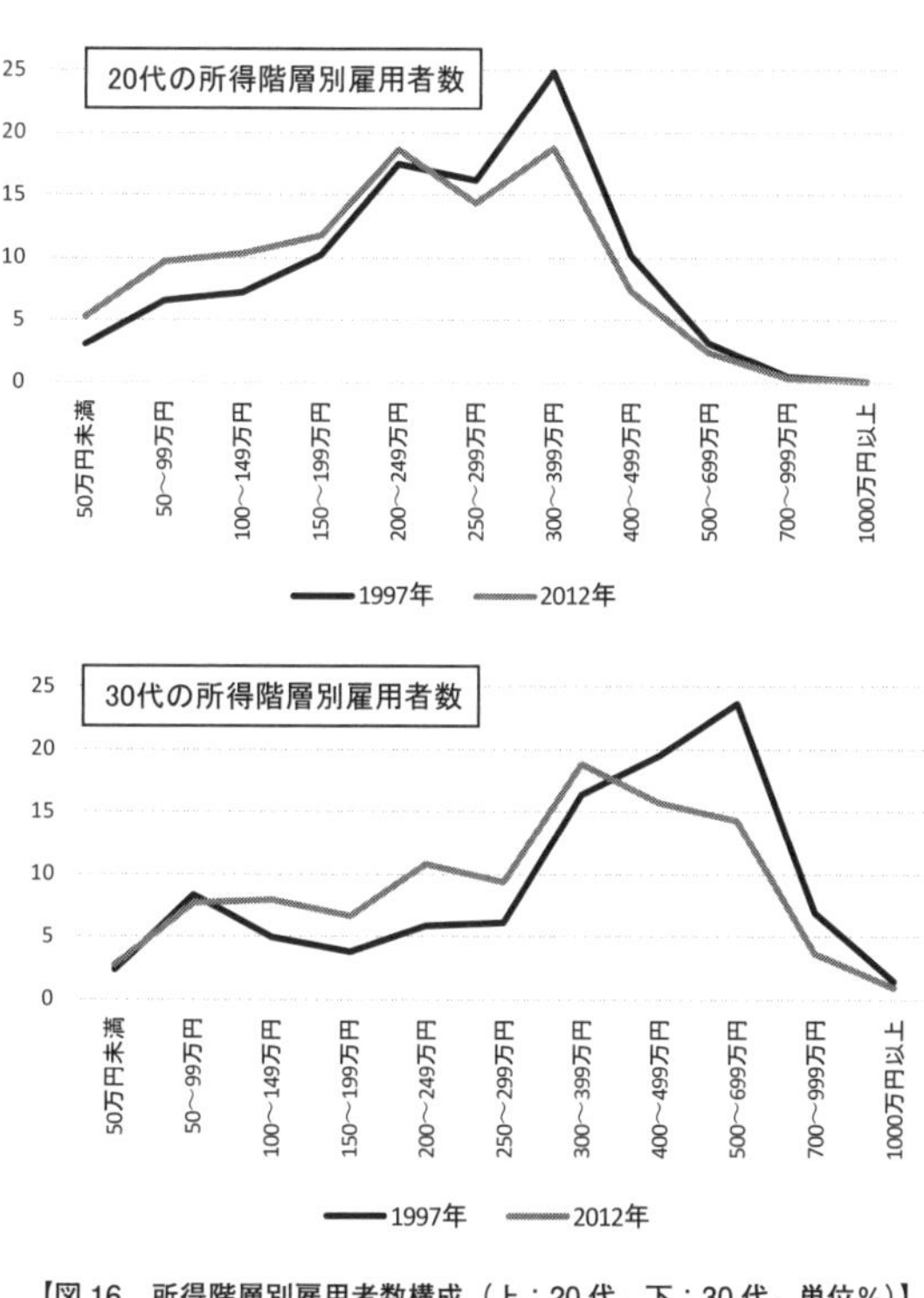

【図 16　所得階層別雇用者数構成（上：20 代、下：30 代、単位%）】
出典：少子化白書 2018

　結婚適齢期の所得が、ここまで落ち込んでしまったのである。結婚が減って、当たり前だ。現在の若者にとって、結婚

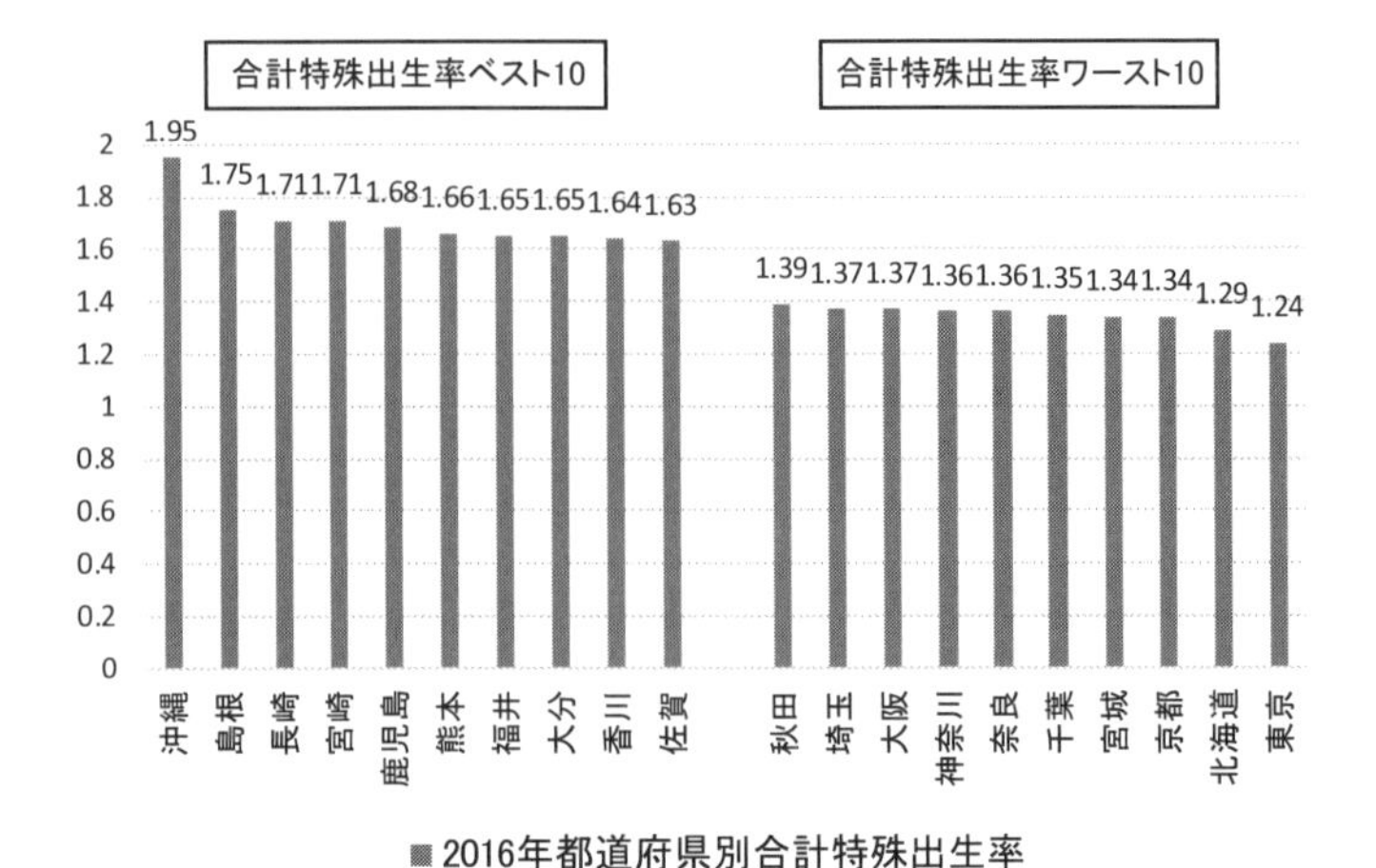

【図17　2016年都道府県別合計特殊出生率】
出典：統計局
※ベスト10とワースト10のみグラフ化

は「贅沢品」と化してしまっているのである。

また、男性の就労形態別で有配偶率を見てみると、正社員の場合は25—29歳で31・7％、30—34歳で57・8％である。正社員として働いている男性は、35歳未満で6割近くが結婚しているわけだ。

それに対し、非正規雇用の場合、25—29歳で13％、30—34歳で23・3％となっている。恐ろしいことに、非正規雇用の35歳未満の男性は、2割強しか結婚できていないのだ。

97年の橋本政権の緊縮財政により、日本経済はデフレ化した。国民の所得は低迷、特に若い男性の雇用も不安定化し、結婚が減った。結果的に少子化が進んだ。これが、一点目。

二つ目は、もちろん東京一極集中である。何しろ、都道府県別合計特殊出生率を見ると、最下位が東京都なのだ。

図17の通り、東京の合計特殊出生率はわずか1・24。全国平均（1・44）を下回っているのはもちろん、延々と最下位を続けている。

日本人は東京圏に住むと、子供を産まなくなるのだ。なぜ、東京の出生率は低いのか。

東京23区の各区について、30～49歳の女性の未婚率と、合計特殊出生率を見ると、見事なまでに相関関係にあることが分かる。もちろん、未婚率が高ければ高いほど、合計特殊出生率が低い。

特に、東京は渋谷区や新宿区など「繁華街」が存在する区において、女性の未婚率が異様に高くなっている。新宿区が約45％、渋谷区は約50％である。新宿や渋谷に住む30～49歳の女性は、半分前後が未婚なのだ。これでは、合計特殊出生率が低くなって当たり前である。

逆に、未婚率が25％を切る江戸川区の合計特殊出生率は、全国平均を上回っている。これで少子化が進まなかったら、奇跡だ。

東京圏への転入者の年齢層を見ると、20～24歳が約12万人（２０１８年）、25～29歳が約

10万人（同）と、若い世代が大半を占めている。婚姻率が著しく低下し、合計特殊出生率が低下する東京圏に、結婚適齢期の国民が流入を続けている。

しかも、東京圏は保育所等の数が不足し、地方と比較すると子育てのコストが高い。三世帯同居の家庭は少数派であるため、夫婦は子供の面倒を両親に見てもらうこともできない。これでは、日本の少子化がひたすら深刻化していくのも無理もない。

さて、問題なのは、図13の都道府県間の人口移動が、

「合計特殊出生率が高い地域から、低い地域へ若者中心に人口が移動している」

という点である。

都道府県別合計特殊出生率は、ワースト10に東京都、神奈川県、千葉県、埼玉県と、東京圏を構成する四都県が全て含まれている。逆に、沖縄をトップとするベスト10の都道府県は、例外なく人口流出県なのである。

合計特殊出生率が高い都道府県からは、若者が出ていく。そして、若者が流れ込んだ東京圏では有配偶率や合計特殊出生率が低い。

こんな有様で、少子化問題が解決されるはずもない。

それどころか、東京一極集中により、東京圏も地方も共に子供が少なくなっていき、やが

ては「日本人消滅」という事態になりかねないのだ（遠い将来ではあるものの）。しかも、少子高齢化により人手不足が始まったと思ったら、日本政府は何と「移民受入」でしのごうとしている。

世界的な傾向として、移民の出生率は高い。

所得低迷と東京一極集中により少子化が続き、日本人の人口が減り続ける反対側で、移民（もしくは移民系住民）は子供を産み続けるわけだ。最終的に、我が国は、「かつて日本人と呼ばれる人々が暮らしていた日本列島に存在する国」に変貌を遂げることになってしまう。

もっとも、ネイティブな日本人が減り、移民系住民が増えると、日本国のナショナリズムは崩壊していく。繰り返しになるが、世界屈指の自然災害大国である我が国は、国民のナショナリズムが健全に維持されなければ存続しえない。

日本人人口減少と移民人口増加は、日本国民のナショナリズムを維持不可能とし、早々に「亡国」に至ることだろう。

日本国が「日本国民の日本」であり続けるためには、出生率が低い東京圏から、高出生率の地方への人口移動が必須なのである。

人口と経済成長

ところで、いわゆる「人口減少」について、日本人の多くが誤解している点がある。それは、「日本は世界最悪の人口減少国」

というレトリックというか「嘘情報」である。

世界は広い。そして、人口が減っているのは、別に日本だけではない。

ＩＭＦ（国際通貨基金）の最新データ（18年10月版）を用い、２０１７年の人口を２０００年と比較すると、10％以上も減少している国が7カ国ある。下落率が高い国から挙げていくと、リトアニア、ラトビア、ジョージア（旧：グルジア）、ブルガリア、プエルトリコ、ウクライナ、そしてルーマニアである。特に、首位（？）のリトアニアの人口は２０００年と比較すると、何と19・３％も減っている。

ルーマニア以下、人口減少率が大きい順に並べると、ボスニア、アルバニア、セルビア、クロアチア、エストニア、パラオ、ベラルーシ、ミクロネシア、ハンガリー、アルメニア、モルドヴァ、ロシア、ポーランド、ギリシャと続き、ようやく日本だ。２０００年以降で見ると、日本よりも速いペースで人口が減っている国が、何と21カ国もあるのだ。

日本の人口は、ＩＭＦのデータではピークが２０１１年となっている。というわけで、今度は２０１１年から17年にかけた人口減少率を調べてみよう。

日本の人口がピークを打った２０１１年以降、最も人口が減少したのはプエルトリコで、減少率10・３％。以下、ウクライナ、リトアニア、ラトビア、ボスニア、ジョージア、ブルガリア、クロアチア、ギリシャ、セルビア、ルーマニア、ポルトガル、トンガ、ハンガリー、アルバニア、スペインと続き、次が日本となる（減少率０・85％）。

正直、人口減少で有名なジョージアやラトビアなど、旧ソ連圏の国々と比べると、日本の人口減少など「誤差」レベルである。

さて、日本では、

「人口が減少している以上、経済成長するはずがない」

という思い込みをしている人が実に多い。とはいえ、それもまた完全な誤解というか「嘘情報」だ。もっとも、経済学者までもが人口というか、

「生産年齢人口（15〜64歳人口）と経済成長には強い相関関係がある」

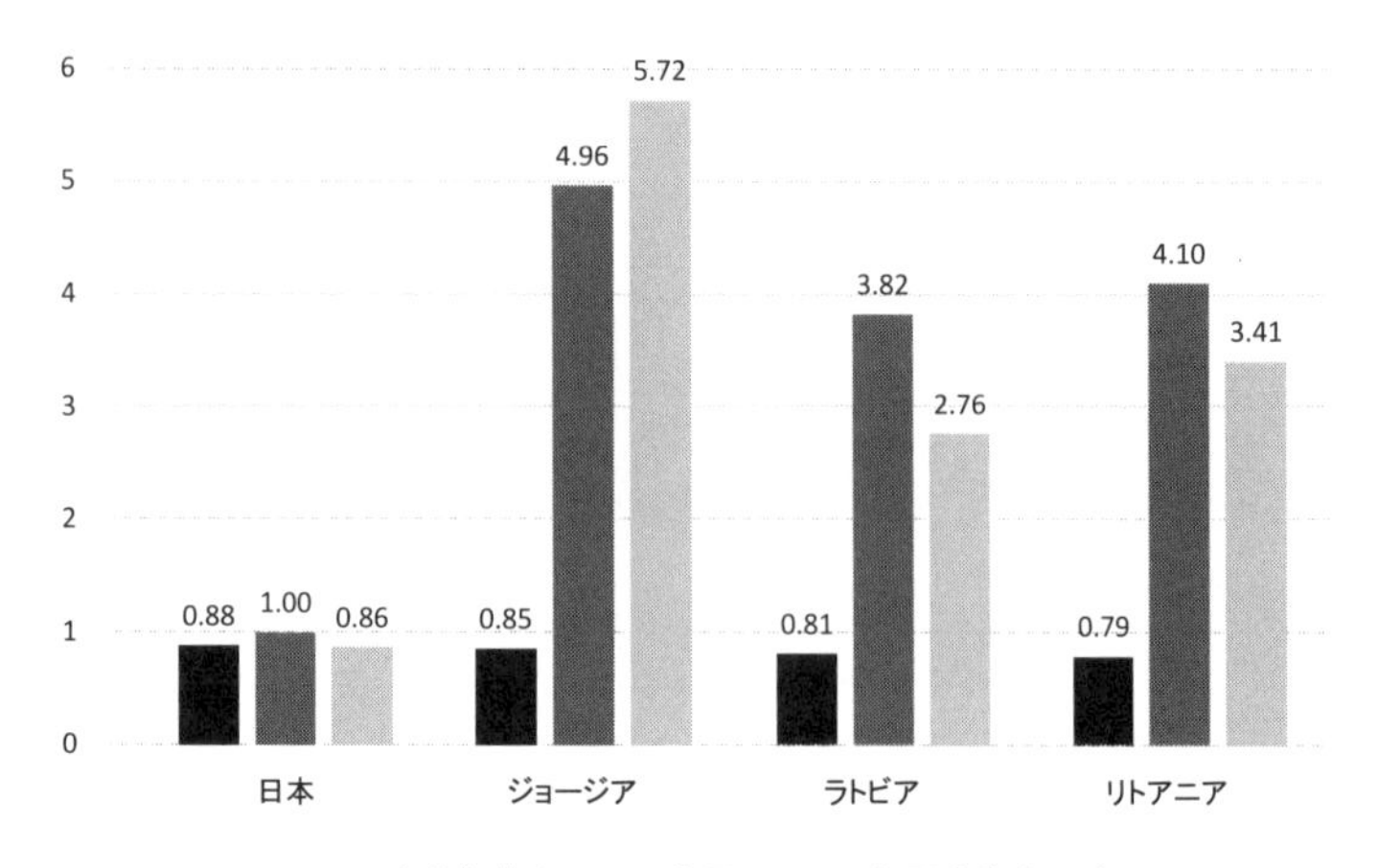

【図18　日本、ジョージア、ラトビア、リトアニアの比較】
出典：ＩＭＦ、世界銀行
※総固定資本形成のみ2016年と2000年を比較。残り二つは2017年と2000年を比較

といった出鱈目を吹聴しているわけだから、誤解が広まるのも無理もない。

我が国の総人口の減少は誤差レベルであると「事実」を書くと、

「いや、総人口はそうかも知れないが、少子高齢化で生産年齢人口はそれ以上に減っている。経済学によると、生産年齢人口が増えれば経済成長することになっている。ということは、生産年齢人口が減っている日本が経済成長しないのは当然だ」

といった、データを無視した反論が飛んでくるのである。

というわけで、２０００年以降の三大人口減少国であるリトアニア、ラトビア、ジョージア、及び日本の生産年齢人口、経済成長、そして総固定資本形成（投資）の状況を比較してみよう。つまりは、２０１７年の生産年齢人口、名目ＧＤＰが対２０００年比で「何倍になったか」を比較するわけだ。データの都合で、総固定資本形成については２０１６年と２０００年を比べている。

いかがだろうか。

確かに、日本の２０１７年の生産年齢人口は対２０００年比で０・88倍、つまりは12％も縮小している。とはいえ、生産年齢人口の下落率でいえば、ジョージアが15％、ラトビアが19％、そしてリトアニアは何と21％と、２割を上回っているのである。

ところが、名目ＧＤＰは日本が「１倍」であるのに対し、ジョージアは4・96倍、ラトビア3・82倍、リトアニア4・1倍なのだ。生産年齢人口が減少すると、経済成長できないというのは、明らかに嘘なのだ。というよりも、日本に限定された現象なのである。

などと書くと、

「いや、ジョージアやバルト三国は新興経済諸国だけれども、日本は成熟国だから、成長しなくて当然だ」

といった「知ったかさん」が出てくる。「成熟」とは果たして何を意味するのか、さっぱり理解できないが、要するに「日本は経済成長しない」という結論がまずありきで、その理由を後付けで色々と「思いつこう」としているに過ぎない。

そもそも、97年に日本がデフレーションに陥って以降、先進諸国にしてもGDPをきちんと拡大している。過去20年で見ると、アメリカやカナダのGDPは2・5倍に、イギリスは2倍、フランス、イタリア、ドイツといった国々ですら1・5倍になっている。新興経済諸国だろうが、先進国だろうが、GDPは増えているのだ。唯一、日本を除き。

日本だけが、経済成長していない。そして、理由は人口とは何の関係もない。

資本主義の経済モデルにおいて、経済成長のためには投資、生産資産の拡大が必要なのだ。すなわち、総固定資本形成を増やさなければならない。図18を見れば、ジョージアやラトビア、リトアニアの投資が数倍になっている現実が理解できるだろう。

それに対し、日本の2016年の投資は対2000年比で0・86倍。これで経済成長できたら、まさしく奇跡である。

残念ながら奇跡は起きず、日本は、

「投資が減ったために、経済が成長せず、GDPが横ばい」

という結果になっただけなのだ。

日本経済が低迷したのとたまたま同じ時期に、日本の生産年齢人口が減少した。それを受け、「経済学の教え通り、日本は生産年齢人口が減ったために、経済成長しなくなった」といったレトリックが創作され、社会に広まってしまった。

そんなことを言ったら、ジョージアやラトビア、エストニアはどうなるのだ。生産年齢人口は日本以上に減っているにも関わらず、ＧＤＰが３倍、４倍に増えている。

理由は、これらの国々では投資が拡大したため、ただそれだけの話なのである。

逆に言えば、日本が経済成長をしたいならば、投資を増やさなければならない。ところが、長引くデフレにより国内市場で「儲からない」環境が続いた。儲からない市場に投資をする経営者はいない。

民間が投資を増やさないならば、政府がやるしかない。すなわち、政府が投資を増やさなければならない。

ところが、先述の通り日本政府は97年以降、公共投資をひたすら削っていった。民間が投資を増やさず、政府までもが公共投資を縮小したのだ。日本の投資不足は続き、我が国の経済は低迷を続けた。

すると、

「ああ、やっぱり日本は経済成長しないのだ」

という認識が広がり、

「経済成長しない国で投資を増やすのはやめよう」

となってしまい、実際に投資が減らされる。投資が減ると、経済成長しない。すると、

「経済成長しない国で投資を増やすのはやめよう」

というわけで、この悪循環を延々と繰り返しているのである。

とはいえ、経済成長率が低迷する現実については、何らかの説明あるいは「言い訳」が必要だ。そこで持ち出されたのが「人口減少」というわけだ。

挙句の果てに、日本経済に低迷をもたらしているデフレーションの理由にまで、人口減少が「活用」されてしまうわけだから、話は厄介だ。

生産性向上と経済成長のプロセス

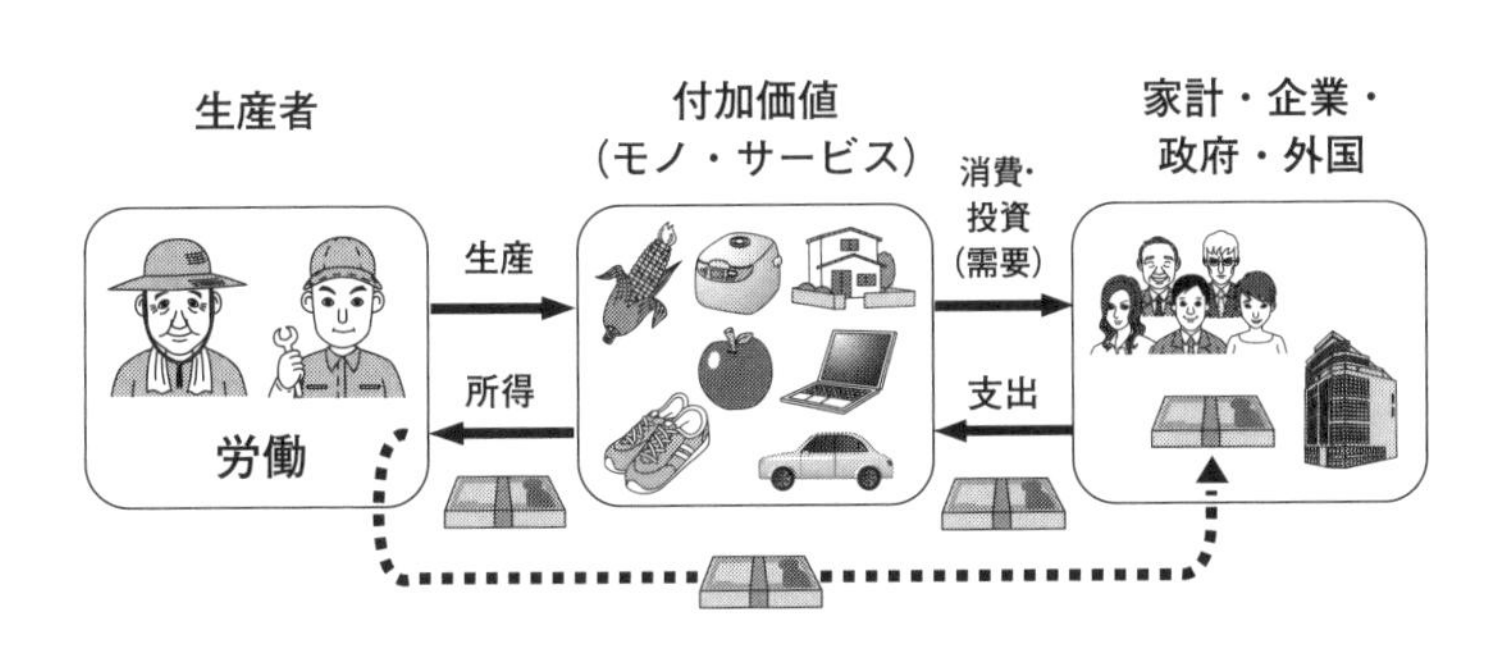

【図19　所得創出のプロセス】

そもそも、経済成長とは何なのか。もちろん、ＧＤＰが拡大していくことだ。それでは、ＧＤＰとは何なのだろうか。

国内総生産である、では回答にならない。ＧＤＰは国内総生産である、では、単なる日本語訳に過ぎない。ＧＤＰや国内総生産の「概念」を正しく理解する必要がある。

ＧＤＰとは、文字通り国内の「生産」の合計である。とはいえ、同時に「支出＝需要」の合計でもあり、そして「所得」の合計でもあるのだ。さらに、所得が実質賃金ベースで増えることこそが「豊かになる」の定義になる。

ＧＤＰを知ることは「所得」あるいは「豊かさ」の創出を理解することに繋がる。所得とは、いかなるプロセスで生まれるのだろうか。

まずは、生産者が働く。生産者とは、工場の工員のみならず、働いている人「全員」である。農家も、製造業も、サービス業も、公務員も、経営者も、従業員も、自営業も、とにかく働いていれば全員が生産者だ。

我々は働き、モノもしくはサービスを生産する。農業は農産物というモノ、製造業は製品というモノ、小売業は小売りサービス、建設業は建設サービス、公務員は行政サービスなどを生産し、顧客（家計、企業、政府、外国）に消費、もしくは投資としておカネを支出してもらう。つまりは、生産したモノやサービスを買ってもらって初めて、所得になるのだ。

ちなみに、所得創出のプロセスにおいて、生産、支出、所得の三つは必ずイコールになる。筆者が例えば某所で講演したとしよう。すなわち、講演サービスを生産するわけだ。筆者の講演料が、例えば１００万円だったとする。

筆者が講演会場で講演し、主催者が講演料１００万円を支払う。その場合、筆者の所得はいくらになるだろうか。もちろん、１００万円だ。

所得創出のプロセスにおいて、生産、支出、所得の三つは必ず一致する。これは、統計的に例外が出ない原則なのである。

そして、国内の「生産」の合計こそが、国内総生産（ＧＤＰ）。とはいえ、生産、支出（需要）、所得は必ずイコールになるため、実はＧＤＰとは国内の生産の合計であり、支出の合計であり、同時に所得の合計でもあるのだ。

先にも触れたが、所得が増えることこそが「豊かになる」だ。ＧＤＰが実質値で拡大している国、すなわち経済成長している国が「豊かになっている」と表現されるのは、ＧＤＰが所得の合計でもあるためなのである。

逆にいえば、過去20年間ＧＤＰが停滞している我が国は、国民が豊かになっていない。日本経済のピークである97年と比較すると、我が国の実質賃金はすでに15％も下落してしまった。

日本が経済成長しない理由は、デフレーションが主因だ。デフレーションとは、国民経済の供給能力（モノやサービスを生産する力）に対し、総需要（＝ＧＤＰ）が不足する経済現象になる。生産はできるにも関わらず、買い手がいない、カネの払い手がいない、顧客がいない、仕事がない。モノやサービスが売れないため、物価が下がり、所得が縮小していく。これがデフレーションだ。

経済成長のためには、デフレの逆、総需要が供給能力を「上回る」インフレギャップの環境が必要なのである。インフレギャップ下の生産性向上こそが、継続的な経済成長をもたらす。

かつて、我が国は凄まじいペースで経済成長を続けた時代があった。すなわち、高度成長期である。

高度成長は、なぜ起きたのだろうか。輸出が増えていたから？　人口が増えていたから？

とんでもない。

誤解している国民が多いのだが、高度成長期の輸出依存度（財の輸出÷名目ＧＤＰ）は10％以下で、現在（約14％）よりも低かった。高度成長期の日本は、今よりも経済が輸出に依存「していなかった」というのが事実だ。何しろ、当時は冷戦の最中で、東側陣営を「市場」にすることができなかった以上、当然だ。

また、高度成長期（54〜73年）の総人口の成長率は、平均すると1・1％に過ぎない。ところが、当時の経済成長率の平均は10％近かったのだ。別に日本に限らず、人口の増加は経済成長の主要因たりえない。

それでは、なぜ高度成長期の日本は急速に経済規模（ＧＤＰ）を拡大できたのか。図20を見れば、誰にでも理解できる。

図20の通り、高度成長期の日本では、生産年齢人口（15―64歳の人口）は、平均1・7％で増えていった。働き手の人口が、毎年1・7％ずつ増加したのだ。

ところが、経済成長率（実質ＧＤＰ成長率）は、平均すると10％近かった。実質ＧＤＰの成長とは、生産されるモノやサービスの「量」が増えるという意味だ（金額ではない）。

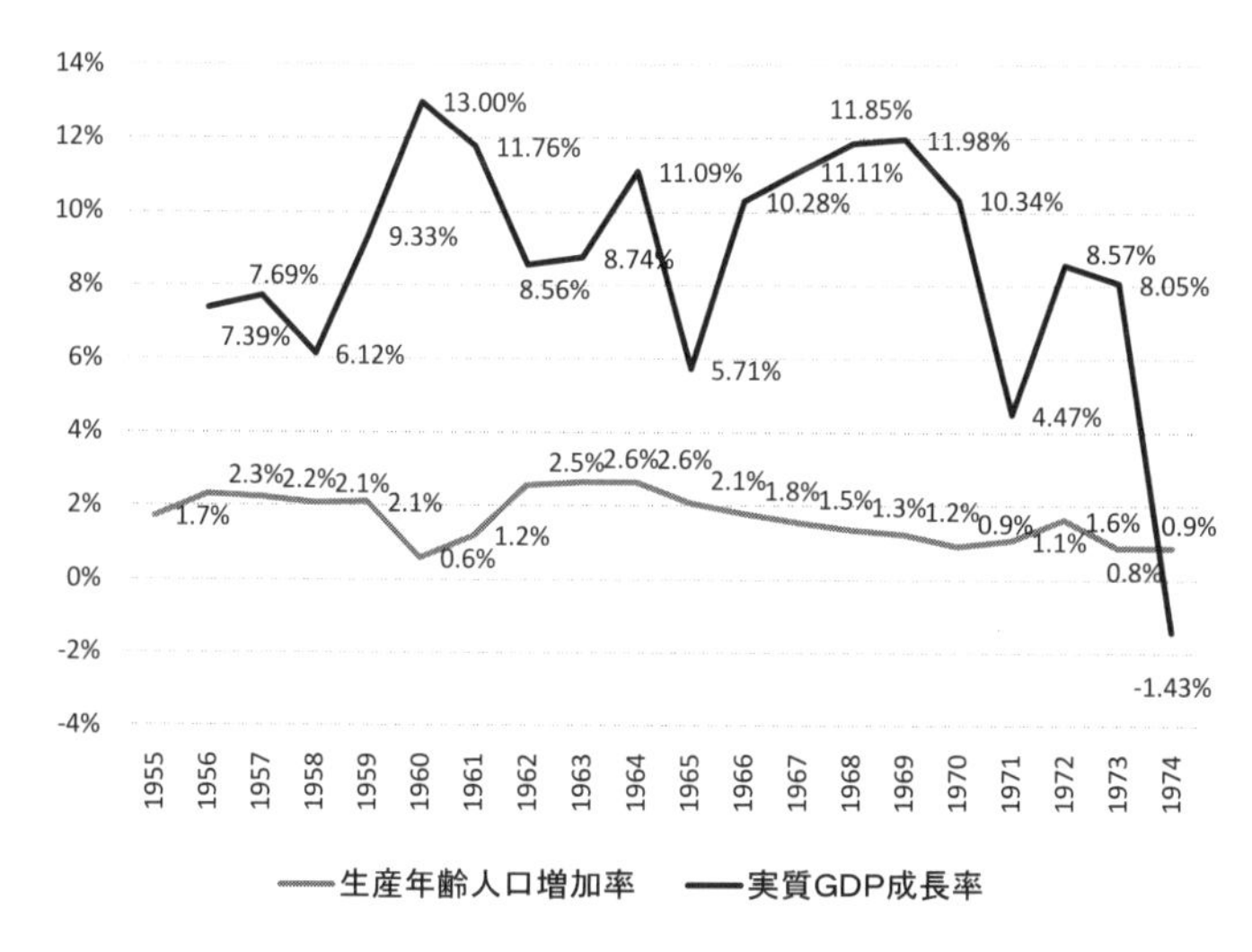

【図20　高度成長期の生産年齢人口増加率と経済成長率】
出典：内閣府、統計局

なぜ、働き手の人口は２％も増えないにも関わらず、モノやサービスの生産量は10％近い拡大を続けることができたのか。もちろん、生産者一人当たりの生産量が増えていったためだ。すなわち、生産性の向上である。高度成長を日本にもたらしたのは、人類史上空前と言っても過言ではない水準の、生産性の向上だったのだ。

それでは、なぜ高度成長期の日本は生産性が向上したのか。そこに今後の日本経済の成長のカギがある。

高度成長期の日本は、人類史上空前の水準の「生産性向上」により、およそ10％という驚異的な経済成長率を維持し

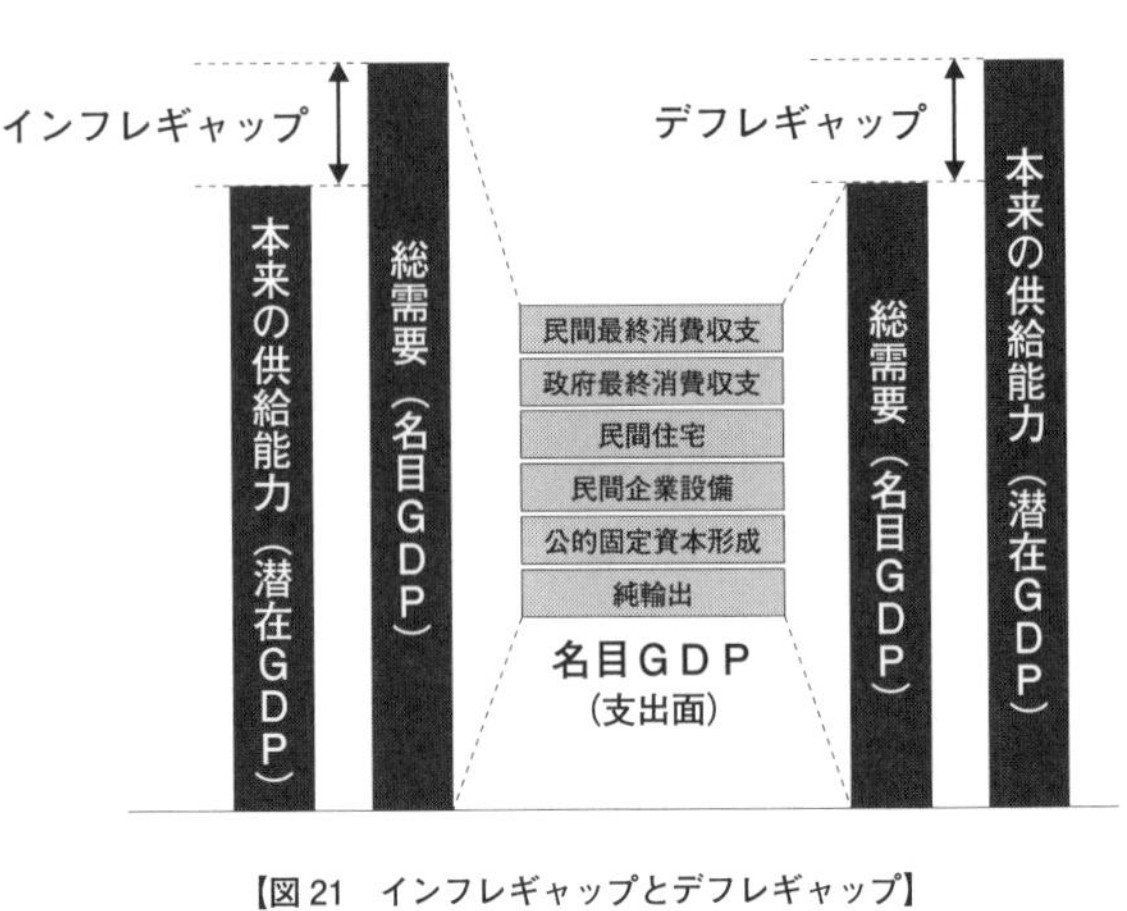

【図21　インフレギャップとデフレギャップ】

た。生産者はそれほど増えない。生産年齢人口の増加率は平均で1・7％であった。生産者の増加ではなく、生産者一人当たりの生産量が拡大することで、GDP成長が続いたのだ。

なぜ、高度成長期の日本は生産性が向上したのか。

高度成長期の日本は、現在の日本とは異なり、インフレギャップだった。1956年から1973年のインフレ率の平均は、GDPデフレータベースで6・4％である。

高度成長期は、顧客が100欲しがっているにも関わらず、

「わが社は90しか生産できない！」

という状況だった。生産できれば儲かるにも関わらず、生産が追い付かない。このままでは機会損失が生じてしまう。

インフレギャップ下で、経営者は何を考えるか。まずは「誰でもいいから、ヒトを雇おう」

と考える。人員増強により、生産能力を強化しようとするのだ。

ところが、高度成長期は完全雇用であった。失業率が１・５％にまで「上昇」したことがほとんどない。働ける日本人は、もう全員が働いていたのである。

現在の日本は、失業率を見る限り「地方」は完全雇用に近づいている。とはいえ、高度成長期は全国的に驚異的な低失業率だったのだ。

ならば、外国人労働者を雇う、とやりたいところだが、幸運なことに（本当に幸運だった）当時の日本は冷戦の最前線に位置しており、周りは全て独裁国家（一番近い民主主義国がオーストラリアだった）。中国やベトナムとの国交もなく、外国人労働者を入れることはできなかった。

ヒトを増やしてインフレギャップを埋めることは不可能だった。ならば、どうする？　諦めるのか？

諦めなかったのである。インフレギャップを埋める方法は一つしかないと、皆が考えた。今働いている、生産者一人当たりの生産量を増やすのだ。生産性向上あるのみということで、生産性を高める四つの投資が大々的に行われた。

生産性を高める四投資とは、まずは設備投資である。例えば、今まで人間が手作業で生産していたのを、工場を建設し、設備を設置。ラインで大量生産すれば、生産性は一気に上がる。

二つ目は、人材投資である。人材投資とは、ヒトを大事に育てることだ。高度成長期の経営者は、本当にヒトを大切にした。なぜだろうか。当時の経営者が優しかったから？　とんでもない。

完全雇用だったためである。完全雇用である以上、他にヒトはいないのだ。どれほど能力が低い新入社員が入ってきても、他に選択肢がない以上、経営者は懸命に教育し、仕事に就かせ、学ばせ、失敗を許容し、様々な経験やノウハウを吸収させ、人材として育てるしかなかった。完全雇用になれば、経営者は否が応でも人材投資に力を入れざるを得ない。

三つ目、公共投資。交通インフラの整備なしで、生産性を高めることは不可能だ。実際、高度成長期には東名高速道路、東海道新幹線など、基幹となる交通インフラが整備され、生産性が高まっていった。

四つ目、技術投資。工場を建設するにも、高速道路や新幹線を作るにも、技術が必要だ。技術は生産性向上の基盤である。技術投資により生産性を高めることこそが、資本主義の本質といえる。

というわけで、高度成長期は生産性向上のための四投資が蓄積され、実際に生産性が高まっていった。すると、どうなるか。

生産性向上とは、生産者一人当たりの生産が増えることだ。先述の通り、所得創出のプロセスにおいて、生産、支出、所得の三つは必ずイコールになる。すなわち、生産性向上により生産者一人当たりの生産が増えると、「生産者一人当たりの所得」も拡大するのだ。

この現象こそを「実質賃金の上昇」と呼ぶ。マクロ経済的に、実質賃金上昇のためには生産性向上が不可欠だ。

高度成長期の日本は、生産性向上により生産者の実質賃金が急激に増えていった。つまりは、国民が豊かになったわけだが、豊かになった国民は何を始めるだろうか。もちろん、消費や投資を増やし、総需要を拡大する。

せっかく生産性向上によりインフレギャップを埋めたにも関わらず、豊かになった国民がおカネを使い始めるため、またまたインフレギャップが発生してしまった。

さあ、どうするか。もちろん、生産性向上あるのみだ。

実は、この循環を「経済成長」と呼ぶ。

結局のところ、経済とは「需要が供給能力を拡大する」インフレギャップの状況でなければ、成長しないのだ。日本の高度成長期は、特に需要の増加が大きく、供給能力がまるで追いつかなかった。しかも、当時の日本は冷戦の最前線で、周りは全て共産主義国か独裁国家であり、外国人労働者を入れることは不可能。

高度成長期の日本国民は「国民の生産性向上」により、拡大する需要を満たす供給能力を蓄積するしかなかった。

まさに、その環境こそが「高度成長」を我が国にもたらしたのである。本当に、日本は幸運であった。

不幸だったのは、欧州諸国である。イギリス、フランス、ドイツといった西側先進諸国も、当時は我が国同様に、超をつけたくなる人手不足が進んでいた。ところが、当時の西欧諸国には「移民受入」という人手不足解消法があったのである。

イギリスはインドやパキスタン、フランスはマグレブ諸国（チュニジア、アルジェリアなど）、そして西ドイツは当初は南欧諸国、後にはトルコから外国人労働者を受け入れ、人手不足を埋めていった。

「人手不足を生産性向上のための投資で埋める必要がなくなった」ことになる。

結果的に、当時の英仏独諸国は、確かに目覚ましい経済成長を遂げたのだが、成長率は高度成長期の日本の半分未満だった（それでも高いが）。しかも、成長率が日本に及ばなかった上に、ご存知の通り、西欧諸国は高度成長期の移民受入をトリガーに、今ではすっかり「移民国家」と化してしまった。

需要が供給能力に対し、過度に上回り続ける環境を「高圧経済」と呼ぶ。高圧経済とは、供給能力を拡大しても、常に需要が拡大し続け、ひたすら人手不足が継続する経済を意味する。日本の高度成長期は、典型的な高圧経済であった。

需要（消費や投資の合計）が供給能力を上回り、生産性向上によりインフレギャップ（需要－供給能力）を埋めようとする正しい「資本主義」は、必然的に高圧経済に至る。理由は、人手不足、供給能力を埋めるための投資（設備投資、公共投資、人材投資、技術投資）自体が「需要」に含まれるためだ。

インフレギャップの経済では、自社の供給能力に対し、総需要（要は仕事）が過大になっており、人手不足が深刻化している。というわけで、企業が供給能力を拡充するために、工場建設、設備投入などの設備投資を実施すると、それ自体が「需要拡大効果」をもってしまうのである。

公共投資も同様だ。国内の交通インフラが不十分で、政府が公共投資により高速道路、新幹線、港湾、空港といったインフラを整備すると、確かに生産性は上がる。とはいえ、同時にインフラ整備（公共投資）という需要も拡大してしまうのだ。

インフレギャップ（人手不足）を設備投資や公共投資といった「投資」による生産性向上で埋めようとすると、確かに供給能力は拡大する。同時に、それ以上に需要が膨らんでしまい、人手不足がいつまでたっても解消しない。

それで、いいのである。まさに、それこそが経済成長の黄金循環を導く。

インフレギャップ（＝重要－供給能力）が拡大し、人手不足が深刻化する。人手不足が深刻化したことを受け、企業は設備投資、技術投資を拡大する。政府も公共投資により交通インフラを整備する。投資とは、ＧＤＰ（＝総需要）における民間企業設備、民間住宅、公的固定資本形成という「需要」だ。さらに、生産性が向上し、実質賃金が上昇すれば、豊かになった国民が消費を拡大するため、ますます「需要」が膨れ上がる。

投資や消費の拡大で需要が膨張すると、またもやインフレギャップが拡大する。そのインフレギャップを、生産性向上のための投資で埋める。生産性が向上すると、国民が豊かになり、消費が増え、さらなるインフレギャップをもたらす。

さあ、どうするのか。もちろん、生産性向上のための投資以外に手段はない。この循環こそが、経済成長をもたらす黄金循環なのである。

実際、高度成長期の我が国は、経済成長期の黄金循環をぐるぐる回し、ふと気が付くと、我が国は世界第二位の経済大国に成長していた。

そして、今、我が国に再び経済成長の黄金循環が訪れようとしている。理由は「少子高齢化」である。

少子高齢化とインフレギャップ

先にデータを紹介したが、日本の人口減少ペースは、本格的な人口減少国であるウクライナやリトアニア、ラトビアやジョージアなどと比べると、誤差レベルだ。日本の人口がピークを打って以降に限っても、ウクライナの人口減少率は７・12％、リトアニアが６・７％、ラトビア６・２％、ジョージア４・63％。それに対し、日本はわずかに０・85％なのだから、文字通り桁が違う。人口減少局面に入って以降、総人口は未だに１％も減っていないのだ。

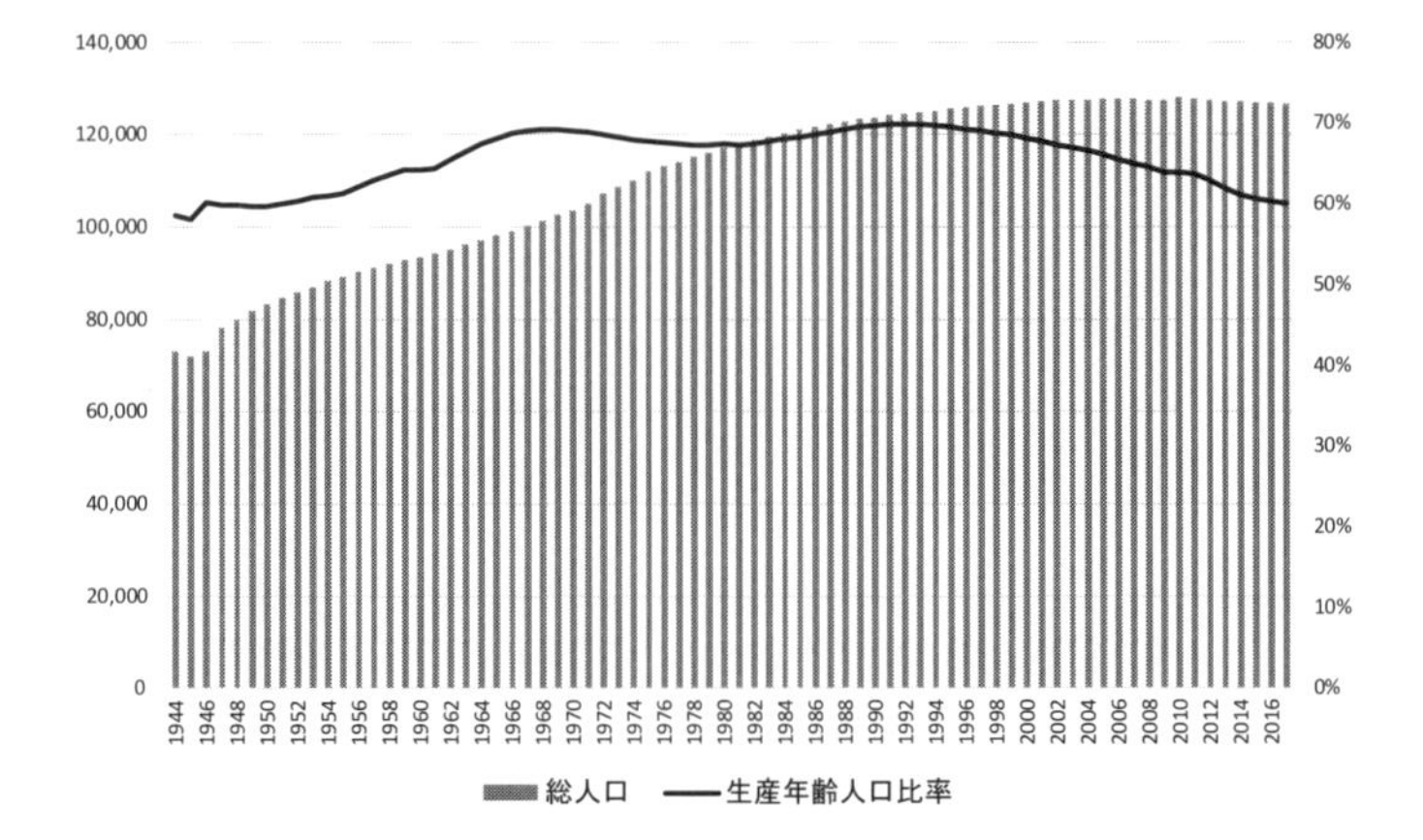

【図22　日本の総人口（左軸、千人）と生産年齢人口比率（右軸）】
出典：統計局

もっとも、「誤差レベル」というのはあくまで総人口の話である。生産年齢人口の減少ペースは、確かにそこそこ速い。日本の生産年齢人口がピークを打ったのは１９９５年だが、減少に転じて以降、次第にペースが速まりつつある。２０１７年までの５年間の平均を取ると、毎年１％程度の減少率だ。

少子化である以上、当然といえば当然なのだが、ジョージアやラトビア、リトアニアの事例を見た通り、生産年齢人口の減少と経済成長には、特に相関関係があるわけではない。生産年齢人口が減少しようとも、投資拡大で生産性が向上すれば、国民経済は成長する。つまりは、生産、支出、所得の合計であるＧＤＰは増えるのだ。

改めて、日本の人口「現象（減少ではなく）」について整理してみよう。

図の通り、日本の総人口は２０１０年、11年前後にピークを打ち、その後は減っているといえば減っているのだが、一見では「横ばい」である。高齢化でお年寄りが長生きするため、総人口の減少は抑制されているのだ（実に素晴らしいことだ）。

とはいえ、生産年齢人口の方は、横ばいでは済まない。何しろ、総人口の４倍程度のペースで減少していっている。

結果的に、総人口に占める「生産年齢人口比率」が低下していっている。日本の生産年齢人口比率はバブル期に70％弱とピークを打ち、その後は次第に下がっていった。

直近では、ついに２０１７年に60％を切った。

日本の人口「現象」は、

「日本は人口が減って衰退する！」

といった、幼稚で単純な話ではないのだ。総人口に占める生産年齢人口の割合が減っていく。つまりは、総人口という「需要」に対し、生産年齢人口という「供給能力」が不足し始めるという「問題」なのである。

それにも関わらず、我が国は「人口が減るからデフレ」なる、奇妙奇天烈なロジックがまかり通っていた。例えば、2010年に角川書店から『デフレの正体　経済は「人口の波」で動く』というインチキ本を出版した藻谷浩介氏は、同書で「労働力人口が減るからデフレになる」という、謎理論を展開した。

総人口に対し労働力人口（≠生産年齢人口）が減るならば、どう考えてもデフレではなく「インフレ」になるはずだ。何しろ、総人口という需要を労働力人口の供給で満たせなくなるのである。モノやサービスを買いたい人は存在するが、十分な供給を実現できない。その状況で「デフレ」になるなど、黒を白と言い張るようなものである。

ちなみに、藻谷氏の『デフレの正体』では、「デフレ」の定義が何と家電価格の低下ということになっている。大雑把に書くと、「家電価格の低下というデフレ現象発生は、人口減少で買い手が減っているから」というのが、藻谷氏の恐るべきプロパガンダ本の要旨になる。

当たり前だが、デフレとは家電価格の下落のことを意味していない。製品はもちろんのこと、各種サービスを含めた「国民経済全体で価格が下落している状態」をデフレーションと呼ぶのだ。藻谷氏はデフレの定義すら理解せず、同書を書いたようである。

藻谷氏の著作に影響を受けたのかどうかは知らないが、2012年には日本銀行までもが人口減少デフレ論を解説する「日本の人口動態と中長期的な成長力：事実と論点の整理」という謎レポートを出している。同レポートの冒頭に、以下の文章がある。

「わが国では、人口成長率の低下とともに物価上昇率も低下してきた。この点については、少子高齢化が予測を上回り続けるかたちで急激に進展する下で、中長期的な成長期待が次第に下振れるに連れて、将来起こる供給力の弱まりを先取りする形で需要が伸び悩んだことが、物価下押しの一因となってきた可能性がある。また、少子高齢化の進展に伴って消費者の嗜好が変化していく中で、供給側がこうした変化に十分対応できず、需要の創出が停滞すると同時に、既存の財やサービスにおいて供給超過の状態が生じやすくなったことが、物価の下押しにつながってきた可能性もある。（Ｐ２より）」

日本銀行が何を言いたいのか、さっぱり分からないと思うだろうが、ご心配なく。筆者にしても、何度読んでも理解できない。

恐らく、日本国民が揃って、

「将来、生産人口減少で生産ができなくなる（＝供給能力が弱まる）から、今のうちにモノやサービスを買うのをやめておこう」

と思ったからこそ、現在の需要が伸び悩んでいると言いたいのだろう。日本国民がその神のごとき洞察力をもって、将来のインフレを予測し、「将来の生産が減るから、今、消費や投資をやめておこう」と考えた結果、現在の物価が下がっているという話である。

全く「分かりやすくなっていない」と思われたかも知れないが、筆者はこれでも努力しているのである。そもそも、日本銀行のレポートが意味不明というか日本語になっていないため、上記の要約が筆者の能力的な限界なのだ。

小学2年生くらいの「思考能力」があれば、総需要が高齢化で維持される状況で、労働人口なり生産年齢人口なりが相対的に減っていけば、発生しうる経済現象はデフレではなくインフレであると想像がつくはずだ。それにも関わらず、一作家（藻谷浩介）はともかく、日本銀行までもが人口減少デフレ論を堂々と述べていたわけだから、我が国の知的貧困も相当に重症である（※労働人口とは、労働市場に参加している国民の数である）。藻谷氏の『デフレの正体』や日銀の「日本の人口動態と中長期的な成長力」に比べると、東京スポーツ一面や月刊ムーの方がまだ信用がおける。

というよりも、労働人口や生産年齢人口の減少がデフレの原因という話になると、大変、困った事態になる。何しろ、少子高齢化が継続している以上、日本の生産年齢人口が減少していくことは、少なくとも15年間は確定しているのだ。今、子供がたくさん生まれたとしても、15年間は生産年齢人口に組み入れられない。

ということは、日本は今後最低15年間、デフレーションから脱することができないという話になってしまう。すでに20年間、人類史上空前の長さのデフレに苦しめられ、さらに最低15年は抜け出せない。生産能力が、江戸時代の水準に退化してしまいかねない。

デフレが引き起こす問題は、実に多種多様だ。中でも深刻な問題の一つが、図21の「本来の供給能力」が毀損していくことである。

総需要が供給能力を下回るデフレ国では、モノやサービスを生産することはできるものの、売れない。結果的に、設備が廃棄され、工場が閉鎖され、そして人材が放逐される。結果的に、過去の投資により蓄積されたモノやサービスを生産する力、虎の子の経済力が破壊されていく羽目に陥る。

結果的に、かつての「経済大国」は「発展途上国」へと退化していく。デフレを放置しておくと、我が国はやがて、

「自国の企業や人材、技術では高層ビルを建てられない。大きな橋を架けられない」

国へと落ちぶれることになる。まさに、発展途上国である。

というわけで、日本の経済力を維持、拡大するためには、国民経済が図21のインフレギャップと化さなければならない。さらに、インフレギャップを生産性向上で埋める努力をして初めて、我が国は高度成長期と同じ経済成長の黄金循環に入れる。

改めて、デフレの「真の正体」について解説しておく。デフレと人口は、何の関係もない。日本以上のハイペースで人口が減っていっているジョージアやラトビア、リトアニアがデフレに陥っていないのが、何よりの証拠である。

ジョージアなど人口減少国がデフレに陥っていない理由は単純。単に、デフレを引き起こすイベントを経験していないためだ。

デフレを引き起こすイベント

デフレを引き起こす、たった一つのイベント。それは、バブル崩壊である。日本はバブル崩壊を経験した。故にデフレになった。ジョージアやラトビアは経験していない。よって、デフレになっていない。

それでは、バブルとは何なのだろうか。バブルとは「土地の価格が上がる」といった話ではない。いや、確かにバブル期には、大抵は土地の価格が急騰するが、土地価格上昇そのものはバブルとイコールにならない。

我々国民が、あるいは一般企業が、土地なら土地の「値上がり益（キャピタルゲイン）」を求めて、銀行からおカネを借りて購入する。値上がり益目的で借金し、資産を買う行為は「投資」とは呼ばない。「投機」である。

もちろん、おカネを借りて土地を購入しても構わない。例えば、土地を買い、工場を建設しよう。これは「投資」になる。大いにやるべきだ。あるいは、購入した土地に店舗を開設し、小売りサービスを生産する。これまた「投資」だ。

それに対し、土地などの資産の値上がり益を目当てに買う行為は、投資ではなく投機になる。バブルを引き起こすのは、投機の「回転」なのだ。

バブル期に、誰も彼もがおカネを借り、土地を投機目的で購入すると、どうなるか。皆が買うので、土地価格が上がる。それを見た人々が、「自分も、自分も」とばかりにおカネを借り、土地に投機する。投機が投機を呼び、土地の値段がひたすら上昇していく。これが、バブル膨張のプロセスであり、デフレの遠因なのだ。

投資ではなく、投機が投機を呼び、バブルを膨張させていく。分かりやすい例を挙げておくと、ゴルフ会員権だ。

日本のバブル期は、株式や土地のみならず、ゴルフ会員権の価格も急騰した。１９９１年、日本のバブルのピークだが、91年のゴルフ会員権の全国の平均価格が４２００万円（！）だったのだ。

４２００万円払っても、ゴルフをやりたかったのだろうか。そんな人は、１人もいなかっただろう。

皆がゴルフ会員権を「借金」をしてまで買い求めた。すなわち、投機だ。

誰も彼もがゴルフ会員権に投機をした結果、会員権価格は上昇していった。それを見ていた他の誰かが、「まだまだ上がるはずだ」と欲を出し、おカネを借りてまでゴルフ会員権を買い求めた。結果的に、会員権の全国平均価格が４０００万円を超すという異様な状況に至ってしまったのだ。

一時的に４０００万円を上回ったゴルフ会員権の平均価格は、今はいくらだろうか。１１０万円だ。４２００万円のゴルフ会員権の市場価格が、１１０万円になってしまったのだ。

とはいえ、バブルとはそういうものだ。バブルとは、崩壊するからこそバブルなのである。崩壊しないバブルは、単なる資産価格の上昇に過ぎない。

問題は、資産であるゴルフ会員権の価格が４２００万円から１１０万円に暴落したとしても、資産購入に際してこしらえた借金は「消えない」という点である。当たり前だ。

というわけで、バブル崩壊後、国民は一斉に同じ行動を取る。もちろん、借金返済である。また、バブルが崩壊し、不景気になると、国民に将来不安が広まっていく。将来不安に陥った国民は、これまた同じ行動を取る。すなわち、銀行預金を増やすのである。

借金返済にしても、銀行預金にしても、国民からしみてれば「合理的な行動」である。バブルが崩壊し、バランスシート（貸借対照表）に負債（借金）だけが残った以上、国民は一斉に借金返済に走る。また、不景気到来で将来不安が高まれば、銀行預金を増やしていく。当然の話だ。

とはいえ、国民経済において借金返済や銀行預金は、消費でも投資でもない。どれだけ懸命に国民が借金返済や預金に努めたところで、消費でも投資でもないため、誰の所得にもならない。

このタイミング。つまりは、バブル崩壊後に国民が借金返済と銀行預金を増やし、消費や投資が減ったタイミングで政府が「ある政策」を実施すると、その国は100%の確率でデフレーションに陥る。

すなわち、緊縮財政である。具体的には、増税と政府の支出の削減だ。

なぜ、バブル崩壊後の緊縮財政がデフレをもたらすのか。落ち着いて考えてみれば、誰にでも理解できるはずだ。

バブルが崩壊し、国民が消費や投資を削減している状況で「消費税増税」などとやった日には、どうなるだろうか。当然の結果として、国民はさらに消費や投資を減らす。

加えて、政府自ら投資（公共投資）を減らせば、効果抜群である。その国は一気に消費や投資が減り、国民の所得は激減。所得が減った国民が顧客側に回ると、「カネがない」という話で、モノやサービスが売れなくなる。すると、生産者が「値下げ」に走り、自らの所得を引き下げる形でデフレーションの輪が回り始めるのだ。

さて、我が国において、よりにもよってバブル崩壊後に消費税増税、公共投資削減といった緊縮財政を強行した政権を覚えているだろうか。もちろん、橋本龍太郎政権である。

橋本政権が97年に、消費税増税、公共投資削減といった一連の緊縮財政を「バブル崩壊後」に強行した結果、我が国はデフレに陥った。

誤解している人が少なくないが、我が国のデフレはバブル崩壊後に始まったわけではない。橋本政権の緊縮財政こそが、日本のデフレのトリガーになったのだ。

バブルが崩壊し、国民が借金返済や銀行預金を増やし、消費や投資という「需要」を減らす。さらに、政府が増税や公共投資や政府消費（医療や介護、教育など）を削減。すると、国民経済全体で消費や投資という需要が縮小する。

需要が減ったとしても、バブル期の設備投資により拡大したモノやサービスの生産能力、すなわち「供給能力」は減らない。80年代後半から91年までのバブル期に、日本企業は何と絶対額でアメリカの2倍に及ぶ設備投資を実施した。人口比を考えると、4倍に達する。バブル期の設備投資により、強大な供給能力を保有したにも関わらず、バブル崩壊で需要が縮小した。結果、供給能力と総需要の乖離である「デフレギャップ」が発生。

総需要とは、要するに名目ＧＤＰである。

また、国民経済がフル稼働した際に生産可能なＧＤＰを「潜在ＧＤＰ」と呼ぶ。潜在ＧＤＰとは、国内の全ての労働者が働き、設備稼働率が１００％に達し、さらに生産性向上効果を加味し、日本経済が生産可能な「最大」のＧＤＰになる。分かりやすい書き方をすると、日本経済の「本来の供給能力」だ。

デフレーションとは、日本経済の供給能力に対し、総需要が足りなくなることで発生するのである。デフレーションとは「総需要の不足」という経済現象なのだ。

なぜ、総需要の不足が発生するのかと言えば、先述の通り、投機によりバブルが発生し、さらにバブル崩壊。国民のバランスシート（貸借対照表）で借金だけが残り、借金返済が増え、将来不安が蔓延し、銀行預金が増える。借金返済や銀行預金は支出（需要）ではないため、国民経済の供給能力に対し、総需要が不足しているところに、政府が緊縮財政でさらなる需要縮小を強いるためだ。極めて、合理的である。

デフレーションは、国民の合理性が引き起こす。

借金返済や銀行預金は、国民一人一人にとっては合理的だ。ところが、ミクロレベルでは合理的な国民の支出削減が、マクロ（国民経済）に合成されると、デフレーションという破滅的な経済現象を引き起こしてしまう。

ミクロな合理的行動が、マクロに合成されると最悪の結果をもたらす。いわゆる、合成の誤謬だ。デフレは合成の誤謬の産物なのである。

本来、人口構造の変化「のみ」を考えれば、日本は早期にインフレ（デフレではない）になるはずだった。何しろ、生産年齢人口比率は、バブル崩壊後に早くも下落に転じているわけだ。

ところが、我が国はバブル崩壊後の橋本緊縮財政でデフレという総需要不足に陥った。結果的に、生産年齢人口比率の低下による「供給能力の縮小」を、デフレーションという「需要縮小」が打ち消してしまったのだ。

97年以降の日本は、生産年齢人口比率による供給能力の縮小と、総需要不足によるデフレーションが綱引きをしている状況だった。東日本大震災が発生した2011年頃まで、総需要不足のパワーが供給能力低下を上回っていた。

ところが、東日本大震災をきっかけに、まずは土木・建設分野で人手不足が顕在化した。「顕在化した」と表現したのは、それ以前に各産業において、すでに人手不足が始まっていた可能性があるためだ。

日本の失業率は、リーマンショックにより悪化し、その後は民主党政権、安倍政権と、ほぼ一貫して下落していった。土木・建設以外でも、様々な産業が震災の時点で人手が不足しつつあり、それが表に出なかっただけに過ぎないと考える。

また、少子化の主因の一つは、実質賃金の低下である。少子化が進めば、当たり前の話として生産年齢人口比率は低下し、最終的には人手不足になる。つまりは、日本の人手不足の根っこを辿ると、デフレによる所得水準の低下が大きな影響を与えている可能性が濃厚なのだ。

デフレ下で企業は利益を稼ぎにくくなり、同時に労働規制も緩和されたため、人件費が「変動費化」されていった。要するに、非正規雇用の増加だ。結果、有配偶率が減り、少子化が進んだ。

デフレ下で少子化が進行するというのは、我が国に限った話ではない。1929年に始まった大恐慌下のアメリカでは、出生率が一気に26％も低下した。あるいは、現時点で極端なデフレに苦しめられているギリシャでも、やはり結婚と出産が大きく減っている。

少子化が進行すると、最終的にはどうなるか。もちろん、生産年齢人口比率が低下することになる。というより、実際に低下していった。

少子高齢化が終わっていない以上、今後の我が国では、人手不足の深刻化が進んでいくことは確実である。結果、実質賃金は中期的には上昇していくことになる。労働者側の「売り手市場」となっていくことで、雇用は安定方向に向かう。

雇用が安定化し、実質賃金が継続的に上昇していけば、結婚が増える。結婚が増えると、有配偶出生率が改善していくため、子供が増え、少子化は解消に向かう。

すなわち、デフレ期に実質賃金が下落し、雇用が不安定化することで「少子化」がもたらされることは、「将来的な人手不足、雇用の安定化」へとつながるスタビライザー（安定化装置）の役目を果たしたのだ。

移民と生産性向上

上記の安定化装置を「破壊」してしまうのが、言うまでもなく「ヒトの国境を越えた移動の自由化」というグローバリズムである。つまりは、移民受入だ。

現在の日本が「外国人労働者」で人手不足を埋めると、少なくとも「日本人」の出生率や人口の回復はない。逆に外国人労働者を受け入れない場合、人手不足が深刻化し、実質賃金上昇と雇用安定化により少子化が解消に向かう可能性が高いのだ。そうなれば、人口減少もいずれは反転するだろう。

上記を理解すると、グローバリズムが「国家」に破壊をもたらす、あるいは根底から「異なる存在」に作り替えてしまう思想であることが分かる。移民受入は、外国人犯罪やテロ激増、国民のナショナリズム破壊など様々な悪影響を国家にもたらす。とはいえ、筆者としては「生産性向上（＝実質賃金上昇）を妨げる」ことこそが、日本国民が移民に反対するべき最大の理由であると確信している。

経済成長と国民の豊かさをもたらす生産性向上は、いつ起きるのか。もちろん、人手不足の環境下である。

それでは、誰が生産性向上を実現するのか。無論、経営者の設備投資や政府の公共投資、あるいは技術者の技術投資も必須だ。とはいえ、それ以上に重要なのは「生産性向上は現場の意欲が高い人材が引き起こす」という現実なのである。

壮麗なコロシアムや浴場、石畳の道路網や水道網を建設した古代ローマであるが、なぜか農業技術は進化しなかった。

欧州で農業の生産性向上をもたらす技術開発が起きたのは、西ローマ帝国がオドアケルに滅ぼされてから数百年後、11世紀のことになる。

11世紀の西欧では、中世農業革命と呼ばれる大々的な生産性向上が起きたのだ。

ピレネー山脈東部やラインラントで「鉄」の生産が盛んになり、鉄製の農機具が欧州全域に広がっていった。

犂を引かせる動物は、牛から馬に変わった。馬は牛と比べると、牽引力やスピードが倍である。

さらに、馬の轡や曳き革、蹄鉄が発明され、大型の鋤を、10頭を超す馬で一気に引けるようになった。現代でいえば、トラクターが出現したようなものだ。

当然ながら、耕作に必要な時間が著しく短縮された。

また、水車や風車も普及し、人力や畜力に代わり「動力」として様々な用途で活用されるようになる。

中世欧州の農業生産性は、11世紀以降の2、3世紀で2倍から4倍に向上した。

「全ての道はローマに通じる」の諺の通り、繁栄を欲しいままにした古代ローマにおいて、なぜ中世欧州のような農業分野の技術革新が起きなかったのだろうか。

鉄製農具や馬の利用にせよ、馬具や水車の発明、改良にせよ、技術的にそれほど高度というわけではない。

交通インフラやライフラインの建設技術では、中世欧州をはるかに凌駕した古代ローマで、農業分野の生産性向上が見られなかった理由は何か。

原因は一つしか考えられない。ローマ帝国時代の農業は「ラティフンディウム」と呼ばれるが、基本的には大土地所有者の貴族が「奴隷」を使役する農業形態だったのである。

古代ローマの歴史は、戦争と領土拡大、そして「奴隷獲得」の繰り返しだった。

ローマ帝国が戦勝で新たな領土を獲得すると、その土地は国有地とされた。国有地は貴族に貸与されるか、もしくは譲渡された。

貴族は元・国有地を、敗戦国から手に入れた大量の奴隷に耕作させ、安価な農産物を生産することでローマ市民の胃袋を支えた。

同時に、経営コストで太刀打ちできない自作農は没落することになる。労働コストゼロの奴隷を駆使するラティフンディウムに、小規模農家が対抗できるはずがない。

とはいえ、奴隷労働中心の農業は、技術発展の停滞をもたらす。当たり前だが、農地で働く奴隷が「生産性向上」「技術開発」に努力するはずがないわけだ。

帝国の拡大が停まり、新規の奴隷供給がなくなると、古代ローマの農業は後の「農奴制」に繋がるコロナートゥスへと変貌を遂げる。

奴隷に代わり、没落農民が小作人として畑を耕すことになったわけだ。自由人としての権利を有してはいたものの、大土地所有者の貴族のために畑を耕すことには変わりはなく、やはり農業の生産性向上は起きなかった。

人間は、やはり「自分の土地」でなければ、生産性を引き上げようというインセンティブが働かないのである。農業の歴史を見る限り、まさに自明の理だ。

さて、現代の日本は生産年齢人口比率低下を受けた人手不足が深刻化し、「移民（外国人労働者）」受け入れが議論されている。

なぜ、経営者が労働力として移民を欲するのだろうか。もちろん「利益」のために「安い賃金で働く労働者」を求めているのだ。

日本の経営者が望む労働力は、さすがに「奴隷」と呼ぶのは行き過ぎだが、古代ローマのコロナートゥスで働く小作人と変わりないのである。

高度成長期からバブル崩壊までの日本では、自分が働く企業を「我が社」と呼び、帰属意識が強い社員たちにより生産性向上が著しく上昇した。

移民労働力が自社に帰属意識を持ち、「自社のための生産性向上」のために努力してくれると、日本の経営者は本気で考えているのだろうか。

人手不足の解消は、生産性向上によって成し遂げられなければならない。そして、生産性向上のために努力するのは、「企業に帰属意識を持った人材」なのである。

それにも関わらず、安易な移民受入で人手不足解消を図る経営者は、明らかに堕落している。同時に、古代ローマのごとく日本国を亡国に追い込んでいるとしか表現のしようがないのだ。

２０１２年末に安倍政権が発足して以降、日本国は驚異的なペースで移民を受け入れていった。ちなみに、安倍政権は、

「移民ではなく、外国人労働者である」

と、主張しているが、詭弁に過ぎる。移民の定義は、グローバルに決まっているのだ。国連の定義は、

●出生あるいは市民権のある国の外に12カ月以上いる人

であり、ＯＥＣＤの定義は、

●国内に1年以上滞在する外国人

となっている。出生地、あるいは市民権がある国「以外の国」に1年以上暮らしている人は、

【図 23　日本の外国人雇用者数の推移（左軸、人）と増加率（右軸）】
出典：厚生労働省

労働者だろうが留学生だろうが、歴とした移民なのである。

２０１２年までは70万人を切っていた日本の外国人雇用者数は、18年10月時点で約１４６万人。70万人以上も増加した。

本来、人手不足は経済成長と実質賃金上昇のチャンスなのである。それにも関わらず、生産性を高める「設備投資」「公共投資」「人材投資」「技術投資」という四投資は盛り上がらない。反対側で、経済成長率を抑制する移民受入がひたすら進んでいく。

なぜなのか。なぜ、政府は生産性向上のために支出を増やし、あるいは民間の投資拡大を誘引する財政拡大に踏み切らないのだろうか。理由は、安倍政権が財務省主導の「緊縮財政」の呪縛に囚われたままであるためだ。

政府のみならず、今や日本は経営者までもが投資する「魂」を失ってしまっている。あるいは、生産性向上を忘れてしまっている。

人手不足には、生産性向上。生産性向上のためには、技術投資、設備投資、人材投資。政府はもちろん公共投資。四つの投資により生産性を向上させることこそが「資本主義」なのだが、経営者は投資に後ろ向きで、政府も緊縮財政の呪縛を打ち払えず、

「政府がカネを使うのだけは嫌だ！」

とやっている。このままでは、我が国は少子高齢化により手に入れた人手不足という「経済成長の決定的なチャンス」をみすみす見逃しかねない

ジョン・メイナード・ケインズは、将来が不確実でもあっても、所得拡大、豊かさのために投資をする経営者の魂を「アニマル・スピリット」と名付けた。長引くデフレにより、日本国民は経営者も政治家も国民も、そろってアニマル・スピリットを喪失してしまった。ここに、移民問題の本質がある。

バブル崩壊までの日本の経営者は、アニマル・スピリットを持ち続けた。だからこそ、我が国は経済成長した。

バブル崩壊と橋本緊縮財政により日本経済はデフレ化し、日本の経営者はすっかり牙を抜かれた獣と化してしまったのである。

アニマル・スピリットを取り戻さなければならない。そのためには、とるものもとりあえず「デフレ脱却」が必要だ。具体的には、誰かが支出して需要を拡大するのだ。

そして、過去20年間、見捨てられたのも同然だった「地方」にこそ、日本経済をはばたかせる「潜在需要」が埋もれているのである。地方の失業率が、都市部よりも低くなっていることこそが、何よりの証拠だ。

デフレから脱却し、適度なインフレの下で「儲かる環境」ができれば、日本の経営者も次第にアニマル・スピリットを取り戻していくだろう。少なくとも、筆者はそう信じている。

ところが、安倍政権はデフレ脱却のための財政拡大には乗り出さず、人手不足を理由に移民受入に動いている。

移民受入は国民の実質賃金を抑制するため、もちろんデフレ化政策になる。デフレ脱却を標榜している安倍政権が移民政策を採ることは、不整合極まりない。

移民政策で日本のデフレが継続すると、経営者はアニマル・スピリットを取り戻すことができない。投資をしても儲からない環境で、アニマル・スピリットを発揮しろと言われても、無理がある。

投資がなされないと、生産性向上が起きず、人手不足は終わらない。すると、さらなる移民受入という「バッドエンド・ルート」に、我が国は突入することになってしまう。

バッドエンド・ルートから抜け出すためには、上記の「構造」を理解し、国民が政治家を動かす以外にはない。衰退した地方へのインフラ整備、生産性向上の投資（インフラ整備も生産性を向上させるが）、特に若い世代の実質賃金の引き上げ、東京一極集中の解消。

日本が進むべき道は、上記以外にはないと断言できる。

第3章　亡国のメガロポリス

東京一極集中を始めたのは誰か？

ところで、東京一極集中について改めて考えてみたい。我が国において東京一極集中は、いつ始まったのだろうか。

図13（55ページの）を見る限り、高度成長期が始まりのように思えるが、本当にそうなのだろうか。

実は、都道府県別人口を見ると、明治維新以降の日本は東京ではなく地方が「人口トップ」の時代が少なくなかった。

１８７１年に廃藩置県が行われ、その後の人口調査では、最も人口が多かったのは広島県だ。ちなみに、2位が山口県で、東京府（当時）は3位だったのである。

翌年、名古屋県と額田県が合併することで誕生した愛知県が首位に躍り出る。

１８７４年、今度は柏崎県を吸収合併した新潟県が愛知県を抜き去る。当時の新潟県の人口は約１３７万人。新潟県は稲作や海運で栄え、１８７６年まで首位を維持した。１８７７年、新潟県は、お隣の石川県（当時は現在の富山県と福井県の大部分も含んでいた）に首位を奪われる。

いずれにせよ、日本海側が「人口大県」だったのが、明治期の日本なのである。理由は、当時の日本の主産業が農業だったためだ。コメの生産に適した環境である日本海側は、農業を中心に繁栄し、人口を惹きつけたのである。

さらに、道路網が未だ整備されていなかったため、日本海を通る北前船による海運サービスが、全国の流通の中心的な担い手になっていた。

もっとも、市町村レベルで見ると、１８７８年時点で、すでに東京はトップだった。２位が大阪、３位が京都、４位が名古屋である。

その後、明治産業革命により工業化が進展。工業の中心地は太平洋ベルト地帯となり、日本海側の人口が徐々に太平洋側に移っていく。

１８８４年、堺県を合併した大阪府が人口約１６３万人で、都道府県別人口でトップとなる。大阪はその後も紡績業を中心に経済が大発展。市町村別人口でも、１９２５年の国勢調査で大阪市の人口が東京市を抜き去った。１９２３年の関東大震災で、東京から企業が本社を続々と大阪に移したためである。

さて、1897年、多摩地区を合併した東京府が、ついに都道府県別（厳密には道府県別だが）の人口で首位に躍り出た。その後は、現在に至るまで東京府、東京都が首位を維持し続けている。

もっとも、1年だけ例外があった。1945年、大東亜戦争の末期、東京などの大都市圏から人々が地方に疎開し、何と北海道が東京都を抜き去り、人口首位となったのである。45年を唯一の例外に、東京府、東京都は20世紀から21世期にかけ、人口首位の座を維持している。人口が集中する東京圏（東京都、神奈川県、埼玉県、千葉県）では優先的に交通インフラが整備され、インフラ整備が人口を引き寄せるという循環が続き、現在では人口3700万人超という、世界最大のメガロポリスに成長して「しまった」ことは前章まで解説した通りである。

ちなみに、東京市、東京府が「東京都」になったのは、1943年のことだ。当時からすでに日本経済の中心であった東京について、住民の「自治」を制限。市と府が合併して誕生した東京都から、財源を「都」に吸い上げ国家予算と化すことが目的だった。大東亜戦争も敗北が濃厚になり、政府は新たな財源を欲していたのである。

さて、道府県別人口では、東京府は長らく首位になることはなかった。とはいえ、東京市（現在の東京23区）は、もちろん明治維新時点でも市町村別人口で首位であった。東京市の前身、つまりは「江戸」時代から、荒川と武蔵野台地、下総台地、東京湾に囲まれたこの地域は人口集中地で、同時に日本最大の消費地でもあったのだ。

というわけで、東京一極集中の起源は、東京都でも東京市でもなく「江戸」にあるのだ。江戸時代の時点で、すでに東京一極集中は始まっていたのである。

そもそも、江戸を日本の中心地に据えたのは誰なのか。もちろん、徳川家康である。

それでは、なぜ家康は自身の本拠として江戸を選んだのか。東京一極集中の「始まりの始まり」にまで歴史をさかのぼってみたい。

家康がなぜ江戸の地を選んだのか。小田原の北条家を降伏させ、天下統一を成し遂げたのち、家康を旧北条領に追いやったのは豊臣秀吉である。

もっとも、家康は関ヶ原の合戦に勝利し、事実上の天下人となった以降も江戸を離れなかった。そして、関ヶ原の3年後、１６０３年には幕府を江戸に開いたわけである。

なぜ、江戸なのか。

理由は、エネルギーにあったという竹村公太郎氏の説は、実に説得力がある。当時、日本国のエネルギー源は森林であった。つまりは、木材を燃やすことでエネルギーを得ていたのである。

ジェームズ・ワットが本格的な蒸気機関を発明したのは1776年。日本の国土には石炭が埋蔵されていたが、主要なエネルギー源になるのは明治維新以降である。

家康の時代、特に人口が集中していた近畿圏の森林は伐採し尽くされていた。天下を統一した秀吉は、全国の大名に木材を近畿に送るように指示している。

家康が旧北条領を引き継いだ頃の江戸の地は、利根川や荒川が頻繁に氾濫し、関東平野は「平野」ではなく「関東湿地」に過ぎなかった。そもそも、江戸とは「河口」という意味だ。河川の氾濫に常に苦しめられる江戸地域は、住むものも少なく、逆に近辺の森林資源は手つかずで残されていたのである。

西日本の森林資源の枯渇を目の当たりにしてきた家康にとって、広大な森林はまさに「宝の山」に見えたのだろう。

江戸の地に腰を落ち着けた家康は、埋め立てや堤防建設などの土木工事を繰り返した。そして、最大の問題である荒ぶる利根川を、江戸湾ではなく銚子に導く大工事を始める。1604年には「お手伝い普請」と呼ばれる制度を設立し、中条堤築造、赤堀川の掘削、荒川や鬼怒川、小田川の付け替え、江戸川の開削など、大規模河川工事を進めていく。いわゆる、利根川東遷の大事業である。

１６５４年、赤堀川の川底が掘り下げられ、ついに利根川は1年を通じて太平洋に流れ込むこととなる。利根川の東遷事業は明治期まで続くが、家康以降の大工事により、江戸、さらには関東平野がそれまでの湿地帯から、大耕作地帯へと姿を転じていったのだ。

かつての荒れ地は、肥沃な土地に生まれ変わる。また、江戸においても、家康が赴任した時点から神田山掘削と日比谷入り江の埋め立てに始まり、都市拡大の土木事業が続く。

家康が江戸幕府を開いて以降は、政治的な重要性が高まり、徳川家に属する諸大名の屋敷が次々に建設されていく。大名家の家臣や家族、さらには旗本などの武士が多く移り住むようになり、彼らの「需要」を満たすため、商人も集まり始める。

土木事業が続くため、人夫も全国から集まってくる。何しろ、当時の江戸は「仕事だけは膨大にある」という状況だったのである。

江戸の「都市部」は次第に拡大し、東は隅田川を越え、西は武蔵野台地へと広がっていった。数々の水路が開発され、江戸自体が大消費地に成長したことに加え、当時の日本経済の中心だった「上方」と、東日本を結ぶ中継拠点としても繁栄した。

１６００年時点では1万人程度だった江戸の人口は、みるみる膨張。スペイン貴族のロドリゴ・デ・ビベロは、1609年の江戸には15万人が暮らしていると報告している。

徳川家光が参勤交代を制度化すると、全国から大名が家臣団を連れて上京するようになり、江戸の人口は流動的になる。とはいえ、町人人口だけで60万人を数えたため、調査非対象の武家や僧侶を合わせると、江戸期の時点で100万人都市を実現したと考えられている。

また、江戸期の平和と封建制度は、江戸発展のみならず、日本全国に経済成長の恩恵を及ぼす。封建制の下で、封建諸侯、江戸時代は「藩主」であるが、諸藩の藩主たちは自分たちの領土、領内の経済振興に努めた。自らの責任、判断の下で、様々な投資を実施したのである。しかも、江戸幕府は外様大名たちの力を弱めるべく、様々な普請を命じた。さらには、参勤交代も強制。普請も参勤交代も、毎回、莫大な出費となる。

例えば、名古屋城は徳川家康の命により建設されたと、歴史の教科書に書かれている。とはいえ、実際に資金や労働力を負担したのは、加藤清正ら外様大名たちである。幕府が何か事業を思いつくたびに、外様大名たちは資金や労働力を提供せざるを得ず、財政は当然ながら逼迫。

ならば、領内の経済力を強化するしかない。新産業を興そう、新田を開発しようということで、各地で投資が繰り返された。

家内制手工業は、日本では中世に始まったが、全国的に広まったのは江戸時代だ。江戸末期の19世紀初頭には、工場制の手工業も興隆する。結果的に、各地に「特産物」が生まれ、現代に引き継がれている。

新田も次々に開発され、コメの生産量が増えた。日本の農地面積は、１６００年時点では１４０万ヘクタールであった。それが、１００年後の１７００年には３００万ヘクタールと倍増した。

コメの収穫量が増え、特産品の生産性が高まっていくと、生産物を「全国」に販売するための運送ネットワークが必要になる。日本の国土はとにかく山だらけ、川だらけであるため、陸運よりも「海運」という話になり、大阪を起点に廻船航路が開拓された。いわば、日本版大航海時代の到来だ。

さらに、参勤交代の際にも様々な特産品が江戸へと運ばれ、消費されていった。各地の特産品が廻船航路で全国に移出（輸出ではない）され、将軍の御膝下にも物品が集まり、当時、世界屈指の人口を誇った江戸住民の需要を満たし、理想的な分散と統合が実現したのだ。

江戸、東京を中心に経済成長するという仕組みは、江戸時代に実現したのである。家康の江戸開発は、日本国民を間違いなく豊かにした。まさに、真の意味の「経世済民」が、家康の江戸開発により実現したのである。

もっとも、先の道府県別人口からもわかる通り、江戸期から明治初期にかけた「東京一極集中」は、日本全体に安全保障の危機をもたらすほど深刻なものではなかった。江戸期の諸大名の努力もあり、江戸時代は江戸も発展したが、各地方もそれなりに、経済が成長していったのである。

とはいえ、やはり経済発展の中心が江戸であったことは間違いない。金仁謙(キムインギョム)・高島淑郎(よしろう)編『日東壮遊歌：ハングルでつづる朝鮮通信使の記録』（平凡社）によると、朝鮮通信使として日本を訪れた金仁謙が、江戸について、

「楼閣(ろうかく)屋敷の贅沢な造り、人々の賑わい、男女の華やかさ、城郭の整然たる様、橋や船にいたるまで、大坂城、西京（※京都のこと）より三倍は勝って見える」


と、書き残している。

1750年時点で、江戸が世界有数の大都市であったことは間違いない。1850年代になると、産業革命を経て工業化が進んだロンドンやパリの人口が伸びていくが、それ以前は

両都市をも上回っていただろう。

江戸時代は、新田開発で米の生産量は増えたが、元禄バブルの崩壊後、徳川吉宗が享保の改革という名の「緊縮財政」を実施。経済がデフレ化してしまい、少子化が進んだ。結果的に、江戸期後半は人口がそれほど伸びていない。江戸を初めとする都市部の人口も頭打ちになったようである。

ちなみに、江戸時代の後期の日本もまた、高齢化していた。当時も今も同じだが、高齢化とは本当に「悪しきこと」なのだろうか。

高齢化した江戸日本では、歯が弱いお年寄りが増えた。「噛む力」が弱い割に、人数は増えていく高齢者という「需要」を満たすため、うどんや豆腐など、噛み砕かなくても美味しく食べることができる和食が大発展した。

それはともかく、家康により日本経済の中心に置かれた江戸という都市は、様々な紆余曲折を繰り返し、関東大震災、東京大空襲など幾多の災厄に見舞われながらも成長を続けた。結果的に、現在の東京圏メガロポリスは、日本全体のリスクと化してしまっている。さらには、少子化の背中を押しているのだ。

本来であれば、戦後の経済発展は、東京圏の拡大ではなく、地方中心であるべきだった。

とはいえ、日本経済は一貫して東京中心の発展を遂げる。

いわば、家康の呪いである。

東京一極集中の問題視は、最近、始まったわけではない。例えば、高度成長期を代表する政治家と言っても過言ではない、田中角栄だ。

田中角栄の『日本列島改造論』は、主に過密、公害、満員電車、大気汚染、劣悪な住居スペース、都市部の物価高騰などを理由に、東京圏から地方に工場（及び人）を移転させようという発想になっている。

同書において、角栄は、

「いま東京が関東大震災と同じ規模の大地震に襲われたらどうなるだろうか。東京都防災会議、東京消防庁によると、倒壊家屋二万戸、圧死者二千人、地震が発生してから五時間後に品川区、中野区の面積に匹敵する16万平方キロメートルを焼き尽くし、焼死者実に56万人という恐るべき被害が予想されている」

と、東京一極集中の危険性について書いている。

東京一極集中に警鐘を鳴らした角栄は、資本主義経済について、恐ろしく明確に理解している政治家の一人であった。正直、角栄の爪の垢を煎じて、現代の国会議員全員に飲ませたい。角栄は列島改造論において、空恐ろしくなるほど明快に経済成長の原則を書いている。該当部分を引用しよう。

「このような工業化の進展は、国民総生産と国民所得の増大をもたらした。私はこうした日本経済の流れをつうじて次の原則を見出すことができる。その一つは『国民総生産と国民所得の増大は、一次産業人口比率の低下と二、三次産業人口比率の増大及び都市化に比例する』ということである。（中略）

次の原則は『人間の一日の行動半径の拡大に比例して国民総生産と国民所得は増大する』ということである」（田中角栄著『日本列島改造論』Ｐ27―28（日刊工業新聞社）

一次産業、すなわち農業から労働人口が二次（工業）、三次（サービス業）産業に移動すると、必然的に都市化が進む。逆に、都市化が進めば進むほど、大消費地の形成により工業やサービス業が活性化する。さらに、人々の行動半径が広がれば広がるほど、様々なサービスや製

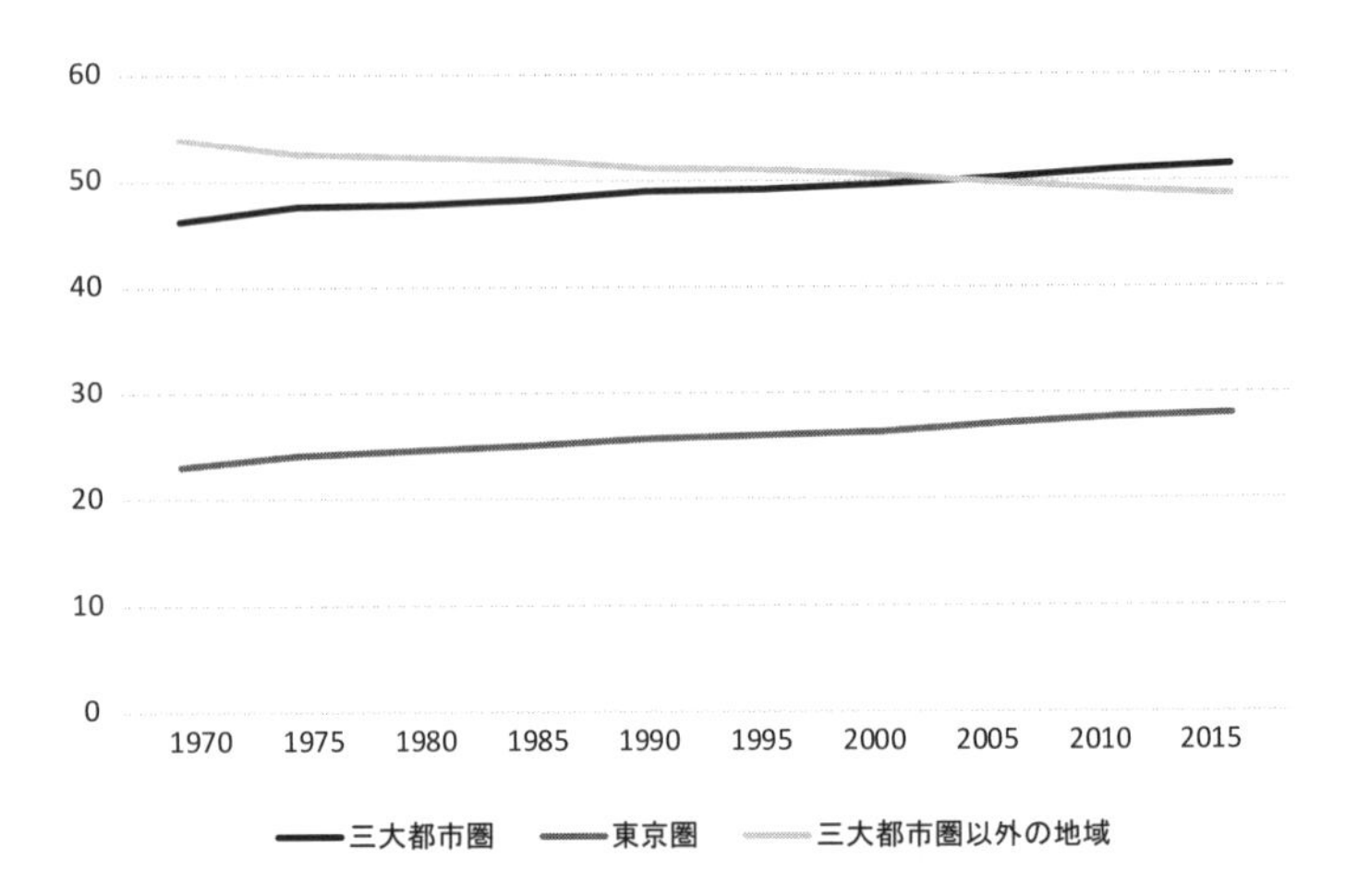

【図24　三大都市圏及び東京圏の人口が総人口に占める割合】
出典：国土交通省国土審議会政策部会長期展望委員会「国土の長期展望」中間とりまとめ

品が生み出され、国民経済は成長する。

もっとも、実際に田中角栄が採った経済政策は、日本経済を成長させる原則から踏み出すものだった。すなわち「都市化への歯止め」である。角栄は、東京一極集中を食い止めようとしたのだ。

角栄の列島改造計画に基づき、「工業再配置促進法」が制定された。同法は、大都市に集中していた工場を地方に分散し、農村部の住民に仕事を与えるという主旨になっていた。

工業再配置促進法とは、人口の分散で、大都市の過密化や公害といった問題の解決を図ったものだ。同時に、都市部の物価高騰への対処や住宅不足解消という課題解決も狙った。角栄は列島改造計画により、各種の都市部が抱える課題を一気に解決することを図ったのである。

とはいえ、現実の日本では人口の分散ではなく、むしろ集中が進んでいった。東京一極集中の危険性は、角栄の時代よりも確実に高まっている。角栄が列島改造論を書いたのは、1972年。すでに半世紀近い歳月が過ぎ去ったが、この間も東京一極集中は継続した。

図24の通り、1970年以降も、日本の人口は三大都市圏、主に東京圏に集中していく。反対側で三大都市圏以外の人口が減少し、すでに50％を切ってしまった。

東京とシンガポール

日本にとって、東京一極集中はもちろんのこと、三大都市圏への人口集中も好ましい現象ではない。理由は、首都直下型地震、南海トラフ巨大地震という二つの大震災が迫っているためだ。

内閣府によると、南関東域で30年以内にマグニチュード7以上の地震が発生する可能性は70%。東海、東南海、南海地域で30年以内にマグニチュード8〜9以上の地震発生確率が、やはり70%なのである。

日本国内では、なぜか「シンガポール」を礼賛する識者が多い。日本もシンガポールのような成長モデルを採用するべきという話だ。

シンガポールの人口一人当たりのGDPは、2016年の数値で約5万2000ドル。日本国民一人当たりのGDP(2016年の数値で約3万9000ドル)を上回っている。GDP三面等価の原則により、一人当たりのGDPとは「一人当たりの所得」をも意味する。

シンガポールの国民一人当たりのGDPが日本を上回っているということは、

「国民一人当たりで稼ぎ出すGDPが、シンガポールは日本よりも大きい」

という話になる。

ということは、シンガポール国民は日本国民よりも豊かなのか。話は、それほど単純ではない。

実は、東京都のGDPは2016年の数値で94兆3667億円。同年の東京都の人口が約1351万人であるため、一人当たりでは約6万3512ドル(1ドル=110円で計算)。

東京都に限ると、一人当たりのGDPはシンガポールを上回るのである。

東京都とシンガポールは、実によく似ている。人口が「外」から流入し続け、膨張する人口を活用し、主に「サービス産業」で経済成長を遂げた。

サービス産業とは、農業、鉱業、製造業以外の産業を意味する。小売、卸売、飲食、不動産、金融、保険、医療、介護、運送、教育、観光などに加え、実は土木業、建設業もサービス産業に含まれる。

東京都のGDPを「生産」で見ると、先述の通り二次産業の割合が異様に小さい。特に、東京都の製造業が全体に占める割合はわずか6％と著しく低い。東京が極端なまでに「サービス業」中心の経済を成り立たせていることが理解できる。

サービス業には、製造業とは異なる特徴が複数ある。具体的には「生産と消費が同時に行われる」「在庫や運送が不可能」などだ。

例えば、東京ディズニーランドやディズニーシーが提供してくれる「エンターテインメント」のサービスは、舞浜以外で消費することはできない。無論、サービスを在庫し、運送することも不可能だ。

別の見方をすると、サービス産業中心で経済成長を達成したいならば、人口が集中していればいるほど都合が良いという話になる。

何しろ、日本の東京圏は人口3700万人を超す、世界最大のメガロポリスである。人口が膨張し、東京都、あるいは東京圏は、「人口が集中している」ことでメリットを受けるサービス産業を中心に繁栄した。

シンガポールも同じなのである。実は、シンガポール国民の合計特殊出生率は、1・2台前半と、日本よりも低い。シンガポールは日本以上に少子化が進行している。

それにも関わらず、「人口が集中している」ことが望ましいサービス産業を中心に成長している。なぜなのだろうか。もちろん、シンガポールには「移民」という形で、外国人が流入し続けているためだ。すでに、シンガポールの移民人口比率は4割を超えている。

「外」から人々が流入し続け、サービス産業中心に経済成長を遂げている。ここまでは、東京都とシンガポールは、まるで双子のように似ている。

とはいえ、東京都とシンガポールには二つ、決定的な差異がある。

一つ目は、東京都に流入する人々が、都民と同じ「日本国民」であるのに対し、シンガポールは「外国人」という点だ。同じ日本国民である以上、東京都に流入する人々は、当たり前だが日本語を話す。それに対し、シンガポールに流入する人々は外国人だ。拙著『今や世界

5位「移民受け入れ大国」日本の末路：「移民政策のトリレンマ」が自由と安全を破壊する』に詳しいが、移民受入、安全な国家、そして国民の自由。この三つを同時に成立させることは不可能だ。すなわち、移民政策のトリレンマである。

移民政策のトリレンマがある以上、シンガポールは「国民の自由」を犠牲にする形で、安全な移民国家を実現せざるを得なかった。国民の自由を奪い、ようやく安全な移民国家を実現しているのがシンガポールという国なのだ（別に、シンガポールを悪く言いたいわけではない）。

東京都の場合、流入する人々が「移民」ではなく同じ「国民」である。東京都には、移民政策のトリレンマは適用されない。同じように「外」からの人口流入により繁栄しているのだが、東京都はシンガポールとは異なり、自由と安全を両立させている。

二つ目、シンガポールは地震が（ほぼ）発生しないが、我が国は世界屈指の震災大国という点である。東京都にしても、首都直下型地震の脅威が迫りつつある。

震災大国の日本の首都「東京都」が、シンガポールと同じ経済成長を追求していいはずがない。とはいえ、現実の日本では東京一極集中が続いている。

我が国は震災大国である。そうである以上、東京圏ではなく「地方」にリソースを分散させる形の経済成長路線を模索するべきなのだ。日本全国で、各地域がそれなりに経済成長し、いざ震災等の大規模自然災害が起きた際には、互いに助け合わなければならない。

震災大国の首都圏が、地震が起きないシンガポールと同じ成長モデルを追求してしまった。東京一極集中がいかに危険か、日本国民であれば誰にでも理解できるはずだ。

東京というブラックホール

さらに問題なのは、まるでブラックホールのように人口を吸収する東京圏の経済成長力が明らかに「弱ってきている」ことだ。意外に思われるかも知れないが、東京都の一人当たり県民所得の成長率は、全国平均を下回っている。

東京都の一人当たり県民所得を、島根県及び全国平均と比較してみよう。

図の通り、2013年以降、東京都の一人当たり県民所得の伸び率は、島根県や全国計を下回っている。特に、消費税が増税された2014年はマイナスに落ち込んでしまった。サー

【図 25　東京都、島根県、全国の一人当たり県民所得の増加率（%）】
出典：内閣府「県民経済計算（平成 18 年度 - 平成 27 年度）」

ビス業中心の東京都の経済は、当然ながら消費税増税の悪影響を大きく受ける。

それにしても、人手不足が顕著になった２０１３年以降、島根県の一人当たり国民所得増加率が３年連続で東京都を上回っているのは重要なポイントだ。特に、最新データである２０１５年は、島根県の一人当たり国民所得の成長率は、何と４・７％。全県計も３・３％であるにも関わらず、東京都はわずか１・９％。

国民所得は、名目（金額）で見た県民総生産を人口で割ったものだ。２０１４年の東京の一人当たり県民所得がマイナスになったということは、分かりやすく書くと、

「給料の金額が、１年前より減ってしまった」

ということを意味する。ということは、物価

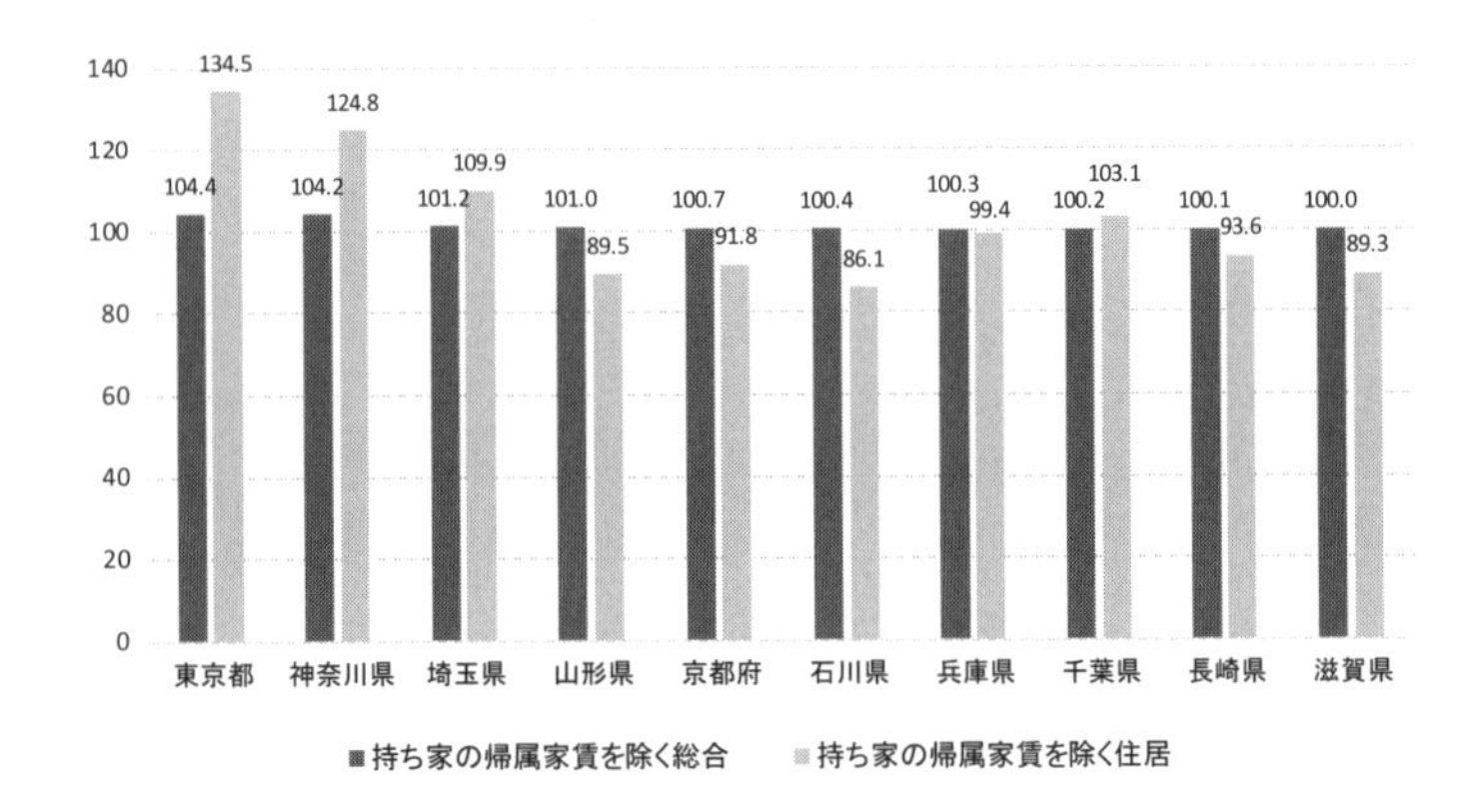

【図 26　2017 年都道府県別物価指数（全国平均＝ 100）】
出典：統計局「小売物価統計調査（構造編）」

の変動を除いた実質で見ると、東京都の県民所得はさらに低くなってしまう。

東京ではなく、地方に暮らす方が「豊かになれる」時代が、確実に到来しているのだ。

逆に、働き手である若者が次々に流入する東京では、むしろ貧困化が進んでいる。

２０１７年３月に東京都が発表した「東京都子供の生活実態調査報告書」によると、調査対象１万９９２９世帯（保護者の有効回答率42・３％）の内、約１割の世帯において、過去１年間に金銭的な理由で家族が必要とする食料を買えなかった経験があるとのことである。さらに、衣類が買えなかった経験があるのが約15％、公共料金滞納経験があるのが約３％。

当然ながら、上記の割合は困窮層に多い。困窮層の約6割から7割が、食料を買うことができなかった経験を持つ。

実際に地方から移り住むとわかるが、東京都あるいは東京圏における暮らしは楽ではない。何しろ、県民所得が伸び悩んでいることに加え、物価が高いのだ。次から次へと若者が東京に流入し、賃金が抑制されているにも関わらず、人口の集中故に家賃を中心に物価が高い。住みやすいはずがなかろう。

図26は、２０１７年の都道府県別物価指数について、総合上位10都道府県をグラフ化したものだ。もちろん、東京都がトップなのだが、神奈川県、埼玉県、千葉県と、東京圏を構成する都県が全てベスト10に入ってしまっている。

東京に住む際に、特に物価の高さが問題になるのは、文句なしで「家賃」だ。持ち家を除く東京都の家賃は、全国平均の１・34倍。

同年の島根県の家賃指数は83・6。すなわち、東京都の家賃は島根県の１・６倍に達していることになる。

もちろん、東京都の賃金水準が島根県の１・６倍を超えているならば、家賃の違いは吸収される。とはいえ、厚生労働省のデータによると、東京都の賃金（男女計）は３７３・１万円で、島根県（２４８・６万円）の１・５倍だ。所得水準と比べ、東京の家賃は高すぎる。

東京の世帯別の年収と家賃を比較してみよう。総務省の「総務省『住宅土地統計』」によると、子育て世代の中心と言える世帯主25～34歳が支払う家賃は月に7万9753円、年間に約96万円。

それに対し、島根県の世帯主25～34歳の支払い家賃が月に4万1358円、年間に約50万円。東京都の子育て世代の支払い家賃は、島根県のほぼ2倍なのである。ただでさえ、東京に移った日本の若者は結婚しない。その上、家賃が高いわけだから、東京都の出生率が日本最低なのは、当然の結果であろう。

付け加えるならば、島根県をはじめとする各地方には地域コミュニティが生きている。大家族も多いため、子供の「面倒を見てくれる誰か」が少なくないわけだ。

東京では、人は孤独になる。近隣住民どころか、隣に誰が住んでいるか知らない人も少なくないだろう。いざというとき、子供を預けることもできない。さらには、待機児童問題である。東京は、間違いなく日本で最も子供を育てにくい地域だ。

ところで、東京都の家賃が高いのは、人口と交通インフラの集中によるものである。都道府県の人口密度を見ると、東京都がもちろんトップで、6275人／km²。島根県は102人／km²（いずれも2017年）。その差、実に60倍以上。

無論、交通インフラの整備状況は、東京と島根では雲泥の差だ。例えば、鉄道延長距離について都道府県別を見てみると、東京都は1050kmで、何と広大な北海道に次いで2位につけている（2013年）。対する島根県は、439km。ちなみに、面積で比較すると、島根県は東京都のちょうど3倍だ。

面積が3分の1の東京都の鉄道延長距離が、島根県の2倍以上。面積当たりで比較すると、東京都の鉄道充実度は島根県の6倍ということになる。

もっとも、人口は東京都が島根県の13倍。人口一人当たりで比較すると、鉄道延長距離は島根県の方が長い。逆に言えば、東京都は「人口の集中」により、一人当たりでは短い鉄道インフラで、島根県の13倍の人口を移動させていることになる。さらに、東京都には神奈川県、埼玉県、千葉県などから、平日は通勤や通学で人が毎日流入し、流出する。それはまあ、満員電車にもなるだろう。

整理すると、島根県の3分の1の面積の東京都に、島根県の2倍強の鉄道が整備され、13倍の人口が暮らしているということになる。あるいは、13倍の人口が暮らすことを実現していると表現するべきだろうか。

交通インフラの充実が、人口を呼び寄せ、人口拡大がインフラ整備の需要を喚起する。人口とインフラが互いに影響を与え、ひたすら膨張を続けているのが、まさに「東京一極集中」という問題なのだが、筆者は「インフラ面」において、東京圏の限界が来たのではないかと考えている。

2017年10月5日、朝日新聞に興味深い記事が掲載された。

2017年10月5日　朝日新聞「住みたい街」武蔵小杉、駅の混雑「相当危険な状態」

『人口減少の兆しが見える大都市もある中、川崎市は150万人を超えた。人が集まり続ける同市。そのリーダーを決める市長選が8日、告示される。課題や選挙戦の構図を見た。

住みたい街――。武蔵小杉は各種の民間調査で人気だ。しかし人口の大幅な増加は課題も生んでいる。

JR武蔵小杉駅の平日朝。横須賀線の改札口に向かう人たちの長い行列ができる。

川崎市中原区に住む男性（43）は、横須賀線で東京都内に通勤する。午前8時前に駅に着いて列に加わる。改札口に入るだけでも5分ほど待って、エスカレーターでホームにあがる。「ダイヤの乱れなどがあると、あっという間に列が伸びて改札までの時間はもっとかかります」

２０１０年に横須賀線の新駅が武蔵小杉にできるまでは、南武線の向河原から川崎経由で東京に出ていた。通勤時間は短縮されたが、混雑はひどい。ホームはいつも人であふれ、「今も人が徐々に増えている」ように感じる。「ピリピリしているし、いつ事故が起きてもおかしくない」（後略）』

川崎市の武蔵小杉は、直線的には横浜駅と品川駅のちょうど真ん中に位置している。以前の武蔵小杉駅は、ＪＲ南武線と東急東横線が乗り入れていたが、それほど便利な場所ではなかった。東京方面に向かうには、南武線で南下し、川崎駅で乗り換えるか、もしくは東急東横線で渋谷に向かうしかなかった。山手線の西側が目的地ならばともかく、品川や東京には行き難かったのである。

事情が一変したのが、２０１０年の横須賀線開通である。厳密には、横須賀線が停車するホームが武蔵小杉駅に作られたわけだが、これが大変な事態をもたらす。

横須賀線に乗ると、武蔵小杉から品川まで、何と11分！　東京駅まで18分！

武蔵小杉は、完全に「東京都心部」に組み込まれてしまった。結果、武蔵小杉にタワーマンションなどの住宅投資が殺到。

もっとも、「インフラ整備」がまともにされなかった結果、現在の武蔵小杉は、「横須賀線に乗る際に、改札の外まで行列ができる」という、信じがたい状況になってしまった。誤解しないでいただきたいのだが、電車に乗るために行列する、のではない。改札を抜けるために、行列が駅の外にまで続くのが、武蔵小杉の日常光景なのだ。

しかも、駅近にグランツリー武蔵小杉という、本来は郊外に作るべきゼネラルマーチャンダイジングができたため、休日の周辺道路は大渋滞。道路インフラの整備も遅れているため、全く身動きが取れない状況になる。

武蔵小杉は、ある意味で現在の日本を象徴している。

●政府（地方自治体含む）や鉄道会社が十分なインフラ投資をしていない
●「民間」に任せた結果、インフラ事情を無視したタワーマンションが乱立
●人口とインフラのアンバランスにより、住民の生活水準が（実質的に）落ちている

というわけである。

これを日本全体に当てはめると、

●政府が十分なインフラ投資をしていない
●「民間」に任せた結果、ひたすら東京圏に人口が流入（武蔵小杉はそのピースの一つ）
●地方は人口流出に悩み、東京圏は「過密」や過激な「競争」に苦しみ、住民の生活水準が（実質的に）落ちている

武蔵小杉の事例から、東京圏の人口増加に対し、インフラ整備が追い付いていないことが理解できる。このままでは、ジャカルタ同様に交通インフラがボトルネックになり、人口増加に歯止めがかかるのではないか。あるいは、インフラが不十分であるにも関わらず、さらなる人口増に見舞われ、東京圏で暮らす人々の生活水準がひたすら落ちていくか、いずれかの道を辿りそうだ。

東京というブラックホールが、容量100％を超えてしまったのか。あるいは、ブラックホールの中の暮らしが、より悲惨な有様になっていくのか。いずれにせよ、ろくな未来ではない。

また、武蔵小杉の急激な人口増が、横須賀線開通という交通インフラのサービス供給により始まった点も注目するべきだ。先に、横須賀線により、武蔵小杉が東京に取り込まれたと

表現したが、新幹線やリニア新幹線、高速道路の開通は、地域と地域を結び付け、市場的に統合することになる。特に、人口減少に見舞われている日本の各地が東京圏を初めとする三大都市圏と交通インフラにより短時間で結ばれると、「三大都市圏を市場として取り込んだ」という話になり、人口が反転する可能性が高いのだ。第2章で取り上げたが、北陸新幹線開通と金沢の繁栄が典型例である。

日本を「小さく」する

現在、JR東海が東京（厳密には「品川」）と名古屋間で、リニア新幹線の建設を進めている。2027年にリニア新幹線が開通すると、品川―名古屋間が最短40分で結ばれることになる。

もっとも、それ以上に注目するべき点は、神奈川県相模原市（橋本）、山梨県の甲府市、長野県の飯田市、岐阜県の中津川市にリニア新幹線の駅ができることだ。

例えば、現在、品川から飯田市までは、車で４時間半はかかる。何しろ、山梨県と長野県南部の間に南アルプスが鎮座している。中央自動車道を南アルプスに沿って北上し、諏訪から南下して回り込まなければ飯田市には辿りつけない。

鉄道を使った場合、品川から東海道新幹線（ひかり、もしくはこだま）で豊橋に向かう。そこから飯田線の特急（ワイドビュー）に乗り、ひたすら北上。２時間半以上かければ飯田駅に到着できる。

品川駅から豊橋駅までは、運良く「ひかり」に乗ることができれば、１時間半で到着できる。とはいえ、タイミングよく飯田線の特急があるとは限らない。飯田線で各駅停車に乗った場合、飯田駅まで４時間近くもかかってしまう。余程の鉄道マニアでもなければ、なかなか耐え難い旅である。

現在、品川と飯田間の行き来は、実に難しい。自動車でも、鉄道でも、確実に４時間以上かかってしまうのだ。それが、リニア新幹線が開通すると、何と片道45分となる。５時間近い道のりが、45分に短縮されるのだ。まさに、世界が変わるだろう。

筆者が品川に住んでいることは前述したが、実はオフィスも品川駅に極めて近い。片道45分ならば、飯田市から「通勤」ができるのではないだろうか。

ちなみに、飯田―名古屋間は25分になるため、

「ちょっとデパートで買い物をしたい」

と思った際には、リニアで名古屋に向かえばいいわけだ。

東京都民に分かりやすく書くと、山手線で品川から新宿までが20分、池袋までが30分になる。まさしく、都内を行き来する感覚で、飯田と品川がリニアで結ばれることになるわけだ。


というわけで、筆者はリニア新幹線の開通を待ち、飯田市に住居を移そうと考えている。天竜川のほとり、飯田市の豊かな自然と壮大な景観の中で暮らし、できればコメを作り、そして品川に通勤する。これこそが、人類史上空前の贅沢な生活であると確信しているのだ（別に、農家をやりたいわけではない。日本人として生まれたからには、一度、コメづくりに挑戦してみたいのである）。

しかも、東京都と長野県の物価指数は、総合でも8%も違う。東京都民が飯田市に引っ越すと、いきなり物価が1割近く下落するようなものだ。所得は東京、物価は長野。それはもちろん、相対的に裕福な生活を送れるだろう。


また、長野県は飯田市を含めて農産物の倉庫だ。

現在、日本政府はアメリカのグローバル企業（モンサント（バイエル）、カーギルなど）の

要求に応じ、食の安全基準を次々に緩和していっている。つまりは、規制をゆるめていっているのである。

例えば、２０１７年12月、日本の農林水産省は、発癌性の疑いが濃厚の除草剤グリホサートの残留基準値を大幅に緩和した。グリホサートは、悪名高きモンサントの除草剤ラウンドアップに大量に含まれている成分だ。

日本政府がアメリカに対し「従順」であり続ける限り、我が国の食の安全基準は破壊されていく可能性が濃厚だ。それが、飯田市や長野県に引っ越せば、東京では入手不可能な「間違いなく安全な食料」が手に入る。これは、特に子育て世代（筆者もそうだが）の心には強烈に響く。

つまりは、リニア新幹線は飯田市を（あるいは甲府市や中津川市を）東京のベッドタウンにするのである。リニアという交通インフラなしでは、飯田市は東京都で稼がれる所得と無関係だ（地方交付税を除く）。ところが、飯田市から東京に通う人々が増えれば、少なくとも住民税は市の税収となるのである。

飯田市の「行政サービス」が、リニア新幹線により東京圏を「市場」に取り込むことになる、と表現すれば分かりやすいだろうか。

ちなみに、飯田市は長野県の市ではあるのだが、冬でもほとんど積雪がない。さらには、夏に熱帯夜がほぼないのである！

２０１８年、多くの日本国民は毎晩のように熱帯夜に苦しめられた。飯田市に熱帯夜がないという事実は、相当に心惹かれるものがあるのではないか。

ちなみに、飯田市にどの程度「熱帯夜がない」のかといえば、18年7月16日から17日にかけ、飯田市で初めて明け方の気温が25度を上回り（つまりは熱帯夜）、観測史上初めてということで、ニュースになったほどである。

ところで、飯田市に住み、品川に通勤すると聞くと、

「それは理想的かも知れないが、リニア新幹線の料金が……」

と、思われた読者が多いだろう。

ＪＲ東海は、リニア新幹線の乗車賃について、東海道新幹線＋１０００円程度に収めると発表している。それにしても、毎日、リニア新幹線で飯田と品川を行き来すると、確かに交通費がとんでもない金額に上りそうだ。

とはいえ、筆者の場合はパソコンがあれば仕事ができるため、そもそも毎日、品川のオフィスに通勤する必要がない。同じような職場環境にある人は、ＩＴやインターネットがこれほどまでに発展した世の中だ。決して、少なくないはずである。

【写真１　飯田市のリニア新幹線長野駅建設予定地】
撮影：三橋貴明

しかも、リニア新幹線が開通するのは、早くても２０２７年なのである。ＡＩやＩｏＴの進化が著しいため、９年後には、

「東京の会社に勤めてはいるが、別に毎日通勤する必要はない」

という日本人は、確実に増加しているだろう。その「需要」を、飯田市は取り込む必要がある。

筆者は何度も飯田市に現地取材に行っているが（毎回、片道４時間以上かけて）、すでにリニア新幹線の長野県駅が建設される予定地は決まっている。とはいえ、本書執筆時点では、駅建設予定地は普通のロードサイドのままである。

写真は、長野県駅が建設される予定の国道１５３号線（三州街道）の様子だ。現在は、日本中の至る所で見られる、ごく普通の「街並み」

であるが、この地に時速５００㎞で品川―名古屋間を走り抜けるリニア新幹線の駅ができる。もっとも、リニア新幹線長野県駅建設予定地と、飯田線の飯田駅は、４㎞ほど離れている。リニア長野県駅と飯田駅をいかに結ぶか、飯田市にとっては極めて重要な課題だ。

一つの方法としては、バス高速輸送システム（バス・ラビット・トランジット。以下、ＢＲＴ）の採用が考えられる。ＢＲＴとは、一般道路と区分されたバス専用道路を、まるで鉄道のように駅から駅へと、バスが乗客を運ぶ交通システムだ。

マレーシアのクアラルンプールでは、２０１５年にＢＲＴが開通した。筆者は２０１９年2月にクアラルンプールのＢＲＴに試乗する機会を得たのだが、高架上の専用道路を、電動バスが高速で駆け抜けていく。電動バスであるため、実に静かだ。しかも、驚くほど高速で走る。さらに、騒音が少ないため、一般の鉄道や高速道路のように、両サイドに防音壁を設ける必要もない。

高架上の道路にせずとも、地上に一般道から完全に隔離されたバス専用道路を建設すれば、ＢＲＴは実現可能だ。当然ながら、鉄道や地下鉄と比べると、コストが安い。

もっとも、コスト以上に筆者がＢＲＴに注目した理由は、何しろ「バス」であるため、曲がりくねった専用道路でも、特に支障がないという点である。また、最近の電動バスはトルクが大きいため、鉄道が昇れない坂であっても走行可能なのではないか。

標高が高い位置にあるＪＲ飯田駅と、谷底の方向に下り、天竜川の近くに建設される「リニア長野県駅（仮称）」との接続には、まさにＢＲＴは理想的だ。

現在は、飯田駅と長野県駅の間は、自動車で移動するしかない。何しろ、谷の上と下なので、曲がりくねった一般道路を低速で進むしかないのだ。もっとも、両駅間を直線的に鉄道で結ぼうとしても、勾配がきつすぎ、難しい。

ＢＲＴならば、カーブや勾配の問題をクリアできる。しかも、電動バスであれば、騒音も全く無い。

飯田市は、リニア長野県駅との接続のため、飯田線の新駅建設を考えているようだ。とはいえ「あの」本数が少ない飯田線の駅が増えたところで、利用者は果たして増えるのだろうか。鉄道や駅ではなく、ＢＲＴを建設し、バスを頻繁に送り出した方が（例えば、10分間隔で）絶対に便利で、リニアの利用客も激増するだろう。

日本の舗装技術があれば、静かで、安定的で、振動も騒音もない、快適なＢＲＴを実現できる。飯田駅周辺で飲食し、ほろ酔い気分でＢＲＴに乗り、リニア長野県駅周辺の自宅に帰る。翌日、リニア新幹線で品川に通勤する。あるいは、飯田駅周辺で暮らす人も、朝、ＢＲＴで長野県駅に向かい、東京へ、あるいは名古屋へと向かう。

飯田駅周辺は、日本の地方のご多分に漏れず、さびれた印象があるが、長野県駅とリニア新幹線が全てを変える可能性がある。長野県駅から飯田駅にかけては昇り勾配であるため、直線的に結ばれた道路は存在しない。長野県駅と飯田駅をＢＲＴで結び、飯田市が東京的な「徒歩と公共交通機関の文化」を実現した場合、相当な人数の都民が「飯田移住」を考え始めるのではないか。

現在の飯田市は、これまた日本の地方らしいのだが、完全に車社会である。それに対し、東京圏の住民は徒歩と公共交通機関で移動する。そもそも、自動車免許を持っていない人も大勢いるわけである。

飯田の移動文化と、東京の移動文化。二つの文化をいかに融合するかが、飯田市が東京のベッドタウンとして繁栄できるかのカギになる。

ついでに書いておくが、長野県駅建設に合わせ、飯田市ではいずれにせよ「大々的な再開発」が始まるだろうが、間違っても「コンベンションセンター」等々、確実に失敗する流行りものプロジェクトに手を出してはならない。そもそも、近くに空港がない飯田市にコンベンションセンターを建設したところで、客は来ない。

失敗確実なコンベンションに手を出すくらいならば、長野県駅の徒歩圏内にアウトレットを誘致した方がマシである。筆者は、軽井沢のアウトレット「プリンスショッピングプラザ」を頻繁に訪れる。なぜ、軽井沢のアウトレットが流行っているのかといえば、もちろん「新幹線の駅」から徒歩5分の場所に位置しているためである。

軽井沢のアウトレットには、車で訪れる人も少なくない。とはいえ、東京駅から北陸新幹線に乗れば、最短1時間6分で軽井沢駅に到着できるのだ。軽井沢のアウトレットは、新幹線により世界最大のメガロポリス東京圏を「市場」と化すことに成功した。

北陸新幹線といえば、佐久平駅から東京まで新幹線通勤している人が少なくないと聞き、驚くと同時に納得もした。佐久平駅から東京駅までは、新幹線で約80分。朝7時4分の上りに乗れば、8時24分に東京駅に到着する。確かに、普通に通勤できそうである。

また、東海道新幹線の三島駅も、東京圏のベッドタウンになっている。三島から新横浜駅まで、最短35分。品川駅まで47分。そして、東京駅まで55分である。

20時頃、東京駅から東海道新幹線に乗ると、席に座らず、通路で立っている乗客が多いことに気がつく。新幹線定期は自由席のみであるため、席が埋まってしまうと通路に立つ羽目になるわけだ。とはいえ、三島まで帰るとしても1時間程度である。東京圏内の満員電車と比べれば、どうということはあるまい。

似たような光景は、山陽新幹線の小倉―博多間でも見かけた。何しろ、小倉から新幹線に乗ると、博多まで16分だ。東京都民には、品川から渋谷に向かうのと同じ程度と言えば分かりやすいだろうか。小倉に住み、博多で働く。あるいは、博多で暮らし、小倉で暮らす。いずれにせよ、片道16分ならば同じ街も同然だ。

あるいは、九州新幹線。九州新幹線が博多―新鹿児島間で開通し、熊本駅から博多駅まで最短34分となった。結果的に、熊本駅周辺の百貨店などは相当にダメージを受けたとのことである。何しろ、片道30分少々なのであるから、熊本市民はこぞって博多に買い物に向かってしまうのだ。

とはいえ、熊本市の人口は減っていない。国勢調査を見ると、2010年が73・4万人で、2015年が74・1万人であった。地元の国会議員に聞くと、物価の安い熊本に住み、博多に通勤する住民が増えているとのことである。

九州新幹線の開通を受け、熊本と博多が市場のすみわけを行ったことになる。博多は熊本を「小売りサービス」の市場と化し、熊本は博多の「行政サービス」あるいは「移住サービス」の市場を獲得した。

自由貿易を正当化するロジックに、比較優位論というものがある。各国がモノの移動に関し「国境」という壁を引き下げる。関税を撤廃し、数量規制等も行わない。各国が比較優位にある製品の生産に特化し、交換し合うことで、消費者の効用が最大化されるという考え方だ。

新幹線を整備し、日本の地方と別の地方を短時間で結ぶことにより、一種の「自由貿易」が成立することになるのである。熊本市は、福岡市のようにはなれない。逆もまた真なりだ。あるいは、金沢市は東京都にはなれない。とはいえ、だからと言って特定の都市が一方的に所得を吸い上げられるという話にはならないのだ。

日本では、新幹線整備について「ストロー効果」というレトリックを持ち出し、反対する人が少なくない。ストロー効果とは、交通インフラの整備により、都市圏へモノ、ヒト、カネが吸い上げられてしまう効果になる。

一見、もっともらしいのだが、さらに言えば確かにストロー効果は存在するのだが、同時に「逆ストロー効果」も確実に発生する。２０１５年に北陸新幹線が開通したことで、例えばそれまでは金沢に支社を置いていた東京の企業が、「支社閉鎖」を決断するかも知れない。何しろ、東京駅から片道2時間半で行けるとなれば、金沢支社を維持する必要はないわけだ。

とはいえ、同時に金沢は世界最大のメガロポリス東京圏を市場と化し、ビジネスを拡大することができる。過去の日本における新幹線整備において、ストロー効果で街が一方的に衰退してしまった例は存在しない。

それどころか、新幹線整備が遅れると、都市は衰退する。

例えば、明治初期の日本の人口ベスト15都市の中には、函館、富山、金沢、和歌山、徳島、熊本、鹿児島が含まれていた。これらの都市は、新幹線整備が遅れたことで「大都市」の座から滑り落ちてしまう。

逆に、2010年時点の政令指定都市を見ると、元々15大都市に含まれていた都市群（仙台、東京、横浜、名古屋、京都、大阪、神戸、広島）に、新たに新潟、さいたま、千葉、相模原、川崎、静岡、浜松、新潟、堺、岡山、北九州、福岡、そして札幌が加わった。札幌は、2011年時点で「世界で最も忙しい路線」と評価された羽田空港―新千歳空港の航空サービスで東京圏とつながっている。札幌を除く、新たに拡大した都市は、全て新幹線という交通サービスの恩恵を受けているのである。

日本では、

「人口が少ない地域に新幹線はいらない」

と、実に幼稚なことを主張する人が少なくない。現実には、

「新幹線が整備された地域は発展し、人口も増え、取り残された地域は衰退する」が正しいのである。

先にも軽く触れたが、日本では「基本計画」が決定されているものの、整備計画化されていない新幹線路線がいくつも残っている。

●北海道新幹線の室蘭・千歳経由で札幌に至る南回りルート及び札幌から旭川までの延伸
●新青森から秋田、新潟を抜け、北陸新幹線に接続される羽越新幹線
●福島から山形を抜け秋田に至る、奥羽新幹線
●大阪から鳥取、松江を抜け、下関に至る山陰新幹線
●大阪から大分までを結び、高知まで延ばす四国新幹線（及び四国横断新幹線）
●松江から岡山まで中国地方を横断する中国横断新幹線
●九州の東海岸を走る東九州新幹線
●大分から熊本までつなぐ九州横断新幹線

新幹線整備の「基本計画」があるにも関わらず、全く手つかずの路線が半分を超えている

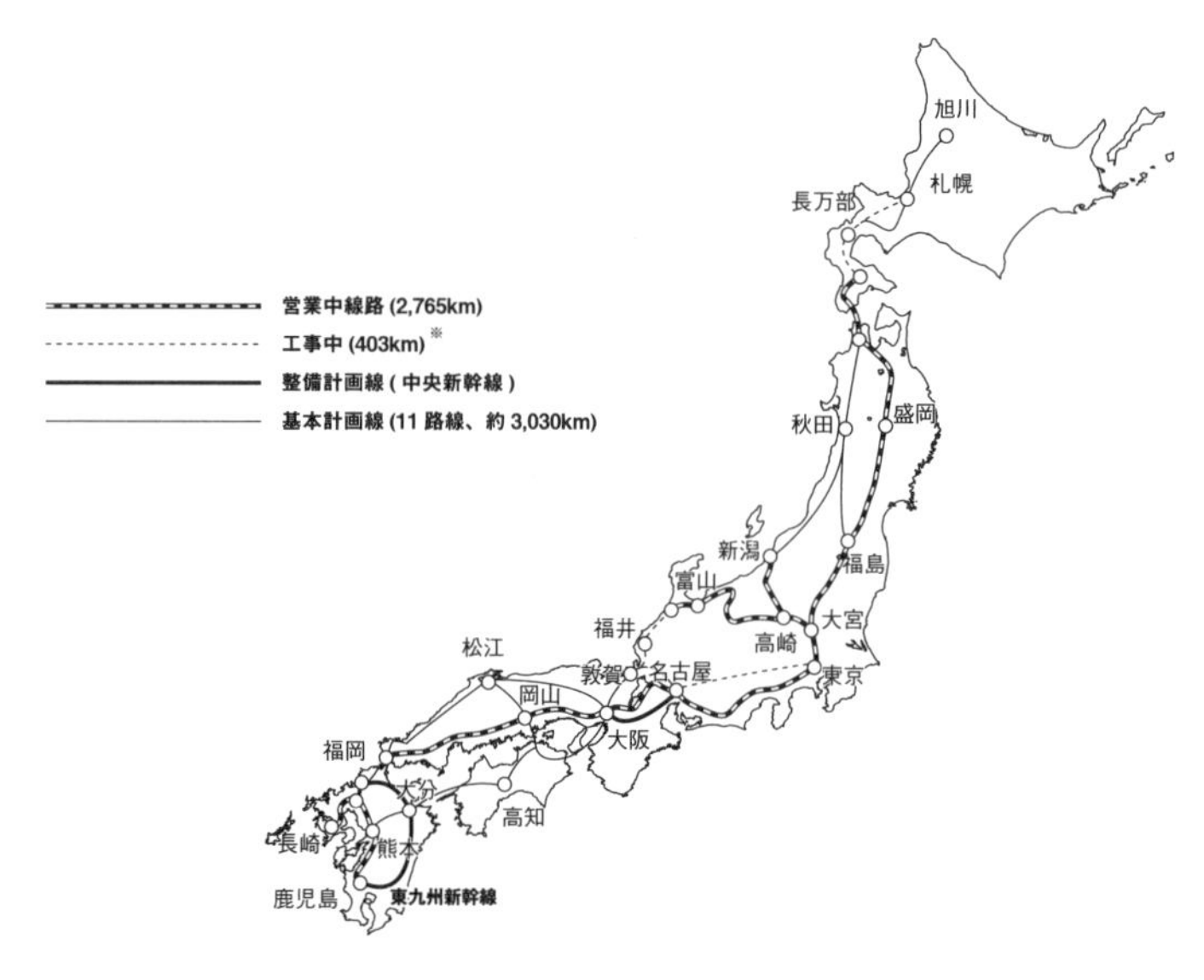

【図 27　新幹線基本計画路線】
出典：東九州新幹線調査報告書

のだ。

東京一極集中を解消したいならば、とにもかくにも新幹線の整備が必要だ。特に、大阪（新大阪）をターミナルとする北陸新幹線、山陰新幹線、四国新幹線の三つは建設を急がなければならない。

北陸新幹線は、敦賀─新大阪間のルートがようやく決まったが、山陰新幹線と四国新幹線は整備計画化すらされていない。先述の通り、新幹線整備は「基本計画⇒整備計画⇒事業化」というプロセスで進められる。

無論、各路線を「半世紀前」に決定された基本計画通りに整備する必要はない。例えば、山陰新幹線は小浜市までは北陸新幹線の路線を通り、そこから西に折れ、舞鶴、鳥取、松江、出雲などを抜け、下関に至るルートで建設する方が合理的だ。

さらには、北陸新幹線は新大阪を終点とせず、そのまま南下し大阪、関西空港を抜け、淡路島に渡り、さらに徳島から西に向かう四国新幹線と接続すればいい。鉄道路線は「ネットワーク化」すればするほど、生産性向上に貢献する。

東京圏に話を戻すと、ＪＲ線と私鉄、さらには地下鉄が相互乗り入れを実現している。結果的に、利便性が極端に高まっていることは、東京圏に住んでいる人であれば誰にでも実感できるはずだ。

西日本の新幹線「網」も、新大阪をターミナルとし、相互乗り入れをしていくべきである。さらに、ＪＲ東海が東京―名古屋間に建設しているリニア新幹線を、早急に大阪まで伸ばす。すると、新大阪は東海道新幹線、山陽新幹線、リニア新幹線、北陸新幹線、山陰新幹線、四国新幹線と、何と6路線のターミナルとなる。東日本の新幹線網のターミナルである東京同様に、大阪市の経済は成長し、西日本経済全体に恩恵を及ぼすだろう。

歴史を振り返ると、大阪は戦国時代から「天下の台所」と呼ばれ、日本経済の中心だった。江戸時代を経て、明治期に入り、次第に東京の後塵を拝するようになったものの、大阪の位置が変わったわけではない。各新幹線のターミナルとしての地位を確立することで、大阪が東京に匹敵するほどに経済成長する可能性は十分にある。元々、大阪は西日本、あるいは日本の経済を牽引する場所に位置しているのだ。

そして、西日本の各地が大阪を中心に経済成長していくと、日本国家全体の安全保障を強化する「国民の分散」が実現する。つまりは、東京一極集中が終わる。

東京一極集中が終焉し、地方を中心に日本経済が成長。「各地の日本国民」が豊かになっていけば、少子化も解決する。人口も、そのうちに戻り始めるだろう。

この表現は、今一つウケないのだが、

「新幹線で日本を小さくする」

ことが必要なのである。より具体的に書くと、人口の分散と市場の集中により、安全保障強化と経済成長を両立するのだ。

新幹線で日本を小さくすることこそが、日本の少子化や東京一極集中、貧困化といった諸問題を解決する切り札である。

北海道の発展途上国化

問題は、現在の日本が、切り札たる新幹線整備を進めにくい構造になってしまっていることだ。

ＪＲ東海のリニア中央新幹線は、東京―名古屋間の建設が始まっている。さらに、ＪＲ東海と政府との折衝の結果、大阪延伸の時期が２０３７年に前倒しされることになった。

元々、ＪＲ東海が表明していた大阪延伸予定は２０４５年だったのである。

２０２７年に東京―名古屋間にリニア新幹線が整備され、両都市がわずか40分で結ばれる。27年から45年までの18年間で、大阪は西日本経済の中心から、単なる「地方都市」に落ちぶれる羽目になりかねなかった。これは、日本国家全体の繁栄や安全保障を考えた場合、極めて重大な問題である。

大阪の国会議員たちは、東京―大阪間のリニア新幹線について、２０３０年まで前倒しすることを求めている。とはいえ、ＪＲ東海は民間企業であるため、別に政府の「指示」に従う義務はない。

というわけで、国鉄民営化以降の我が国は、リニア新幹線の大阪延伸という国家の安全保障と密接に関わり、同時に経済効果が極めて高いプロジェクトすら、「政治」が自由に采配できない事態になっているのである。

さて、2018年9月6日、北海道胆振地方を震源とする震度7の地震が発生。40人以上が死亡し、北海道電力の営業地域ほぼ全てが停電する「全道ブラックアウト」というカタストロフィまでもが発生してしまった。

筆者は、2011年の福島第一原発事故後、全国各地の電力会社や発電所（原発含む）を取材し、政治的に原発を停めた日本の電力サービスは、やがてはブラックアウトを起こすと様々なメディアに書いた。予想が的中したわけだが、全く嬉しくない。むしろ、ひたすら悲しかった。

その後の9月27日、電気事業連合会（電事連）が「北海道胆振東部地震における大規模停電の発生について」という調査報告書を公表した。電事連は明言していないが、同報告書によって、「泊原発を稼働していれば、全道ブラックアウトは起きなかった」ことが確定した。

電事連の報告書によると、ブラックアウトまでの経緯は以下の通りである。

１・地震発生直後（地震発生〜周波数回復）
地震発生を受け、苫東厚真２号機、４号機が停止し（発電：▲１１６万kw）、周波数が急低下した。苫東厚真１号機の出力も低下。さらに、送電網の一部に障害が発生し、各地の発電所が負荷遮断。その後、北本連系設備や水力のＡＦＣ機能により周波数が回復。
※北本連系設備：北海道と本州を結ぶ連系設備
※ＡＦＣ：自動周波数制御装置
２・地震発生直後（送配電線再送電〜負荷遮断２回目）
送電網が回復し、需要が急回復。需要回復により周波集が低下し、そこに苫東厚真１号機の出力低下が重なり、再び負荷遮断。
３・ブラックアウトまで
苫東厚真１号機が停止。負荷遮断が再開し、周波数低下により水力と北本連系設備が運転不能となり、全道ブラックアウト。

電力とは供給側と需要側が一定の周波数の範囲内（北海道は50kh）内で安定しなければならない。さもなければ、電気機器や発電機が破損する。送電の周波数が落ちると、各発電機は出力を高めるが、それでも周波数低下を防げない場合は、自ら送電網との接続を遮断する（負荷遮断）。さもなければ、発電機そのものが故障してしまう。

今回のブラックアウトの始まりは、地震により苫東2、4号機が停止したことだ。泊原発が稼働していた場合、何しろ200万kwのベースロード電源の発電機が動いていたことになるため、苫東厚真のシェアははるかに低かった。

ということは、そもそも1の負荷遮断が起きなかったのである。何しろ、発端は苫東厚真の116万kwの喪失なのだ。

しかも、泊原発がある地域の震度は「2」であったため、原発は停止せず、苫東厚真2、4号機の喪失をカバーすることができた。あるいは、他の発電機が出力を上げることで、周波数の低下もなかった。

当初の時点で苫東厚真2、4号機の停止をカバーすることさえできれば、その後のブラックアウトに繋がる負荷遮断の連鎖は起き得なかったのである。泊原発を稼働していれば、今回の全道ブラックアウトには至らなかった。データを見る限り、確実だ。

ところで、2018年第1四半期の大手電力会社の決算を見ると、中国電力、四国電力、九州電力、沖縄電力の4社が赤字になっている。理由は全社とも同じで、原発停止や原油価格の上昇による火力発電の燃料費増加の影響だ。

北海道電力は黒字を確保しているが、泊原発を動かせない状況で、かつ自然災害が多発し、老朽化した発電機や震災被害を受けた発電機を動かしつつ、厳冬期を迎えることになる。泊原発が稼働すれば、老朽化した火力発電機の大々的なメンテナンスに入れるが、現状ではそれは不可能だ。老体であろうとも、フル稼働である。

さらに一つ、北電並みにピンチに陥っているのが、JR北海道になる。

2017年時点で、JR北海道及びJR四国の経営難が報じられていた。JR北海道の島田修社長は、当時、

「毎年約180億円規模の経常赤字（単体）が見込まれ、しかも安全に関する設備投資が減価償却費を100億円ほど上回る。単純計算で毎年280億円の資金不足。180億円の経常赤字にメスを入れないと、借金しても返せないし、借金すらできない」

と、語っている。

JR四国は、1987年の国鉄分割民営化以降、鉄道事業の赤字が続いており、

「自助努力だけでは路線維持は近い将来困難になる」とし、不採算路線の利用促進や維持で自治体などに支援を求めていく方針を明らかにした。事前の報道通り、16年度、17年度と2年連続の赤字に落ち込んだJR北海道は、資金ショートで列車運行が不可能になるとして、30年度までの長期支援を政府に求めた。国土交通省はJR会社法に基づき、政府の経営監視を強化する監督命令を出すと同時に、19年度、20年度の2年間で400億円超の財政支援を行うことを決定。

そもそも、鉄道事業が単体で黒字化することはほとんどない。実は、外国の鉄道事業は基本的に赤字なのだ。黒字になっているJR東海、JR東日本、JR西日本、さらには首都圏の私鉄、地下鉄は、むしろ「例外」なのである。

特に我が国においては、鉄道は路線単体では赤字になったとしても、「国家全体」のインフラを維持し、国民が各地域で不自由なく暮らせるようにするための交通インフラとして捉えるべきだ。JR北海道やJR四国が不採算路線を廃線にしていくと、その地域で人々は暮らせなくなる。すると、人口は都市部に、特に東京一極集中が加速していくことになってしまう。

世界屈指の自然災害大国である我が国において、東京一極集中を進める危険性については、今更、解説する必要もない。

国鉄分割民営化の時点から、ＪＲ北海道、ＪＲ四国などの鉄道事業の赤字は予想されていた。一部の地域が赤字になることが確実な形で「分割」され、民営化が強行されてしまったというのが実態なのだ。

民間企業が「赤字路線」を維持することなど、出来るはずがない。ところが、自民党は国鉄民営化の際に、

『国鉄が……あなたの鉄道になります。民営分割　ご期待ください。
●全国画一からローカル優先のサービスに徹します。
●明るく、親切な窓口に変身します。
●楽しい旅行をつぎつぎと企画します。
民営分割　ご安心ください。
●会社間をまたがっても乗りかえもなく、不便になりません。運賃も高くなりません。
●ブルートレインなど長距離列車もなくなりません。
●ローカル線（特定地方交通線以外）もなくなりません。
62年4月を目指して新しい鉄道を皆さんと一緒に考える　自民党』

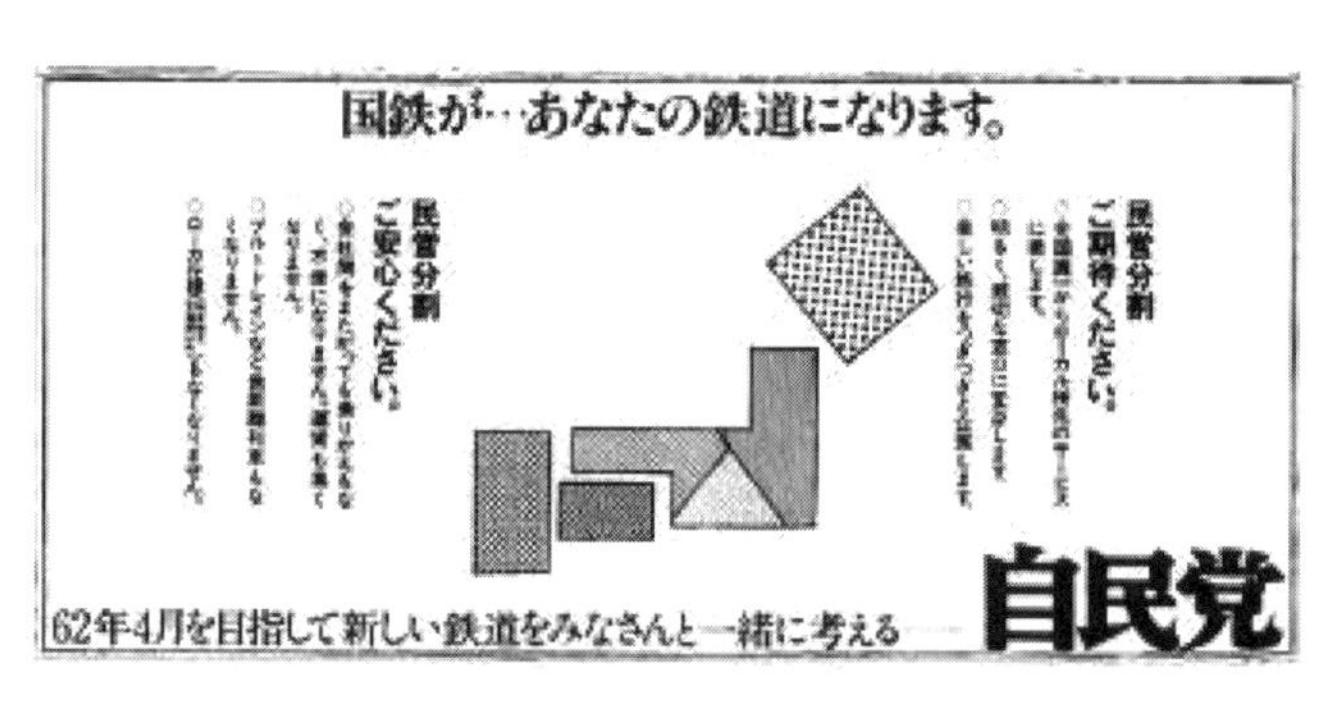

【写真２　国鉄民営化時の自民党の新聞広告】

という、今からしてみると「詐欺」としか表現のしようがない広告を新聞に出した。

そもそも、国鉄は赤字の地域（北海道、四国など）の鉄道を、黒字の地域の利益でカバーするという考え方になっていた。そうである以上、分割民営化し、「ローカル線もなくなりません」といった約束を守れるはずがないのだ。

人口が少ない（厳密には人口密度が低い）北海道や四国までをも独立させる形で「国鉄の分割民営化」を強行したことが間違いの元なのである。ＪＲ東海やＪＲ東日本のように、絶対に儲かる地域は良い。とはいえ、鉄道という公共インフラは「そういうもの」ではない。

東海や東日本の利益を北海道や四国に注ぎ込んででも、国家全体で鉄道ネットワークを維持する。これが、本来の公共サービスのあり方なのだが、例により「カネ、カネ、カネ」というわけで、ＪＲ東海やＪＲ東日本は「不採算部門の切り離し」に成功し、儲かる会社に生まれ変わった。逆に、見捨てられた形になったＪＲ北海道やＪＲ四国では、遅かれ早かれ赤字が始まり、存続が困難になるに決まっていたのである。

２０１８年7月、ＪＲ北海道は深刻な経営難を受け、赤字の5路線5区間（３１１・5キロ）を廃止する方針を固めた。ＪＲ北海道の全路線の営業距離の、実に1割強にあたる。ＪＲ北海道は18年中に廃線を決定すると表明しているが、一部の自治体からの反発が強く、予定通りに進むかは不透明だ。

ＪＲ東日本やＪＲ西日本にしても、赤字路線を多く抱えている。もっとも、両社は首都圏や近畿圏という「稼ぎ頭」の路線を保有しており、赤字路線の穴埋めができている。

真に両社が「利益」のみを追求するのであれば、赤字路線は全て廃止し、首都圏、近畿圏の「ビジネス」にのみ集中した方が「儲かる」わけである。

とはいえ、繰り返しになるが、公共インフラとは「そういうもの」ではない。「そういうもの」ではないにも関わらず、利益を追求した結果が、現在の日本の鉄道サービスの惨状なのだ。

このまま「利益」を優先する方針が続くと、日本の各地から次々に鉄道路線が消えていく。交通インフラが貧弱な地域で、人々は暮らすことができない。結果的に、ますます大都市圏、特に東京圏への人口集中が加速し、日本国民の「防災安全保障」はひたすら弱体化していくことになるわけだ。同時に、経済成長の機会も奪われることになる。

さて、現在の北海道は、相次ぐ自然災害により、鉄道ネットワークが揺らぎ、同時に「電力の不安定」という重しまでをも背負っている。いわば、現在の北海道は日本の地方の先頭を切って「発展途上国化」してしまっているのだ。

日本国は東南アジアの国々にＯＤＡで支援を重ねてきた。具体的に何をやってきたのか。ずばり、インフラの整備である。

鉄道ネットワーク、電力ネットワークといったインフラを整備することで、我が国は途上国の成長を助けた。今や、日本国は北海道に同じ考え方の「支援」をしなければならない状況なのである。

具体的には、まずは北海道開発庁を復活させる。その上で、国務大臣たる開発庁長官の下で、

1．北海道を「特区」とし、発送電分離などの規制緩和について適用除外に

2．ＪＲ北海道と北海道電力を「国有化」し、泊原発を再稼働。鉄道ネットワークと電力ネットワークの強化を「政府の予算」で推進

3・津軽海峡を渡る高速道路（トンネルでも橋でも構わない）の整備を開始
4・北海道を日本の「食料基地」とする
5・ロシアとの間にガスパイプラインを繋ぎ、北海道を起点として日本全国のガスパイプライン網を整備

といった、施策を総合的、計画的に進めるのだ。「予算」さえつけば、上記は全て10年以内に達成できる。最も時間がかかる「第二青函トンネル」もしくは「津軽海峡大橋」にしても、現在の工期見積もりは15年である。政府が本気になれば（要は十分な予算がつけば）工期短縮は可能だ。

北海道の衰退は、日本が「食料基地」を失うことを意味する。日本国の将来の繁栄は、北海道の発展なしではあり得ない。インフラ整備を中心とした北海道の「再開発」が必要だ。

そして、北海道の「再開発」をモデルケースとして、全国に展開していく必要がある。

地方の人手確保と税制優遇

本書の冒頭から見てきた通り、現在の日本は地方の方がより深刻な人手不足に陥っている。人手不足ならば、解決策は生産性向上である。と、言うはたやすいのだが、現実に経営者がリスクを負って投資することは、なかなかに困難を伴う。というよりも、マクロ経済がデフレ（需要不足）のままであるため、「果敢な投資」などできる環境にはない。

だからこそ、目先の人手不足を補うために「移民受入」という話になってしまうわけだ。

もっとも、東京圏を初めとする大都市部と地方とでは、少々、事情が異なる。

米沢で講演をした際に、経営者から、

「人手不足が深刻で、求人をかけても人が応募してこないというよりは、そもそも人がいない」

と、実に分かりやすい表現で人手不足を嘆かれたことがある。

2018年4―6月期の山形県の完全失業率（モデル推計値）は1・7％。完全雇用状態である。それはまあ、「人が応募してこない」ではなく「人がいない」という状況にもなるだろう。

というわけで、米沢の経営者に、

「どこで求人をしているのですか？」

と、尋ねたところ、

「もちろん、地元です」

と、答えた。

似たような話は、熊本県の阿蘇市でもあった。熊本地震の爪痕も痛々しい阿蘇市においても、人手不足が「超」深刻化している。仕事は山ほどあるため、人手さえ確保できれば、利益を拡大できる。ところが、人材募集をしても、全く応募がないとのことであった。

というわけで、筆者が、

「阿蘇市ではなく、例えば福岡市で人手を確保するといったことはできないのですか？」

と問うてみたところ、

「そんなこと、考えたこともなかった」

と、吃驚されたのである。

お分かりだろう。より深刻な人手不足に陥っている地方は、若者の流出が著しい地域でもある。働き手、生産者の「母数」が減っている地方において、新規の求人をかけたところで、まず応募は来ない。

失業率を見る限り、地方よりも大都市圏の方が失業率は高い。つまりは、相対的にヒトが余っている。特に東京圏は、地方からヒトが次々に流入するため、若者が「買い叩かれる」傾向が強い。

その上、物価（特に家賃）が高いため、暮らしにくい。というよりも、東京に夢見て上京した若者たちは、かなりの高確率で貧困化してしまう。

ならば、東京に溢れ、「理想」とは異なる貧しさにあえいでいる若者を、地方企業は雇用するべきなのだ。無論、若い労働者がいなくなれば、間違いなく東京圏の人手不足は深刻化していく。

その人手不足を、東京圏の経営者は「生産性向上」で埋めるのだ。結果的に、東京圏に残った働き手の実質賃金は上昇し、豊かになれる。

地方に「散った」若者たちは、「超」人手不足を解消する労働者として歓迎され、かつ物価が安い環境下で豊かに暮らすことになる。もちろん、地方にしても、若手を惹きつけると同時に生産性向上を達成する必要がある。

というよりも、生産性を高め、物価を加味すると「東京よりも実質的に高い所得を稼げる」

状況にしなければ、若者は東京から戻ってこないだろう。

というわけで、日本政府は「東京圏から働き手を地方に分散させ、国民の豊かさと東京一極集中の解消を実現する」ことを基本方針に、様々な政策を実施する必要があるのだ。

具体的には、まずはとにもかくにもインフラの整備。リニア新幹線は早急に大阪まで延伸し（ＪＲ東海との折衝が必要だが）、日本全国の「新幹線ネットワーク」の構築を、こちらは国費中心で進める。高速道路も整備し、ミッシングリンクを解消。暫定二車線も四車線化する。

「東京圏などの大都市圏に住んでいようが、地方で暮らそうが、あまり変わらない」状況にまで、日本を「小さくする」必要がある。

また、東京圏や地方の企業が「生産性向上」を達成できるよう、様々な支援措置も必要だ。特に、リスクが高い技術投資については、デフレ環境下で経営体力が劣化した企業は、なかなか踏み出せない。だからこそ、政府が自ら技術投資を拡大する必要がある。

さらには、税制措置も必要だろう。

具体的には、現役世代が東京圏から地方に住居を移した際に、所得税の減免などの優遇措置を講じるのだ。

「地方で暮らし、東京圏に通勤すれば、税金が安く済む」

という状況になれば、新幹線通勤はさらに増えるだろう。ＪＲ東海も儲かり、人々が移ってきた地方も潤う。しかも、税制優遇措置により、分散した人々が（新幹線などの交通費で）経済的な打撃を受けることもない。

加えて、日本政府は地方の企業であっても、東京圏などの大都市圏で求人が可能なように、ハローワークの制度を改めなければならない。現状、東京圏に支店が存在しない地方企業は、東京などのハローワークに求人を出すことができない。

もっとも、単に東京圏で求人をするだけでは不十分だ。当然ながら、地元に移ってきた日本の生産者に対し、生活の支援をしなければならない。

とはいえ、東京圏から若者などが地元に働くために戻ってきたとして、彼ら、彼女らに対して支援することは、「外国人労働者に生活支援するより」も、間違いなく楽である。何しろ、言葉や常識、社会的なルール、ライフスタイルなどを共有しているのだ。

２０１９年1月26日、日本政府が２０１９年度予算として、東京から地方にＵＩＪターンし、就職あるいは起業した人に対する支援金制度を創設すると報じられた。ちなみに、Ｊターンとは、東京の地方出身者が、元々の故郷とは別の地方に移り住むことを意味する。

新・支援金制度では、移住先の都道府県から紹介された中小企業に就職した人に、最大

100万円が支給される。目的は、もちろん新生活のサポートだ。

さらに、移住先で起業し、地域課題の解決に取り組む人には、最大300万円が支給されるという。東京一極集中や地方の担い手不足の改善に向け、地方生活に関心を持つ人の「背中を押す」わけだ。

支援金制度の対象者は、直近5年以上、東京圏に在住し、東京23区に通勤する人となっている。ちなみに、東京圏であっても、過疎地や離島など、34市町村への移住は制度の対象となる。

具体的には、都道府県が中小企業の求人情報を収集し、リストをウェブサイトに掲載する。リストに掲載された中小企業に東京からの移住者が就職し、転入後3か月から1年以内に移住先市町村に申請すれば、支援金を受け取ることができる。

一応、日本政府も東京一極集中を問題視はしているのだ。

東京から地方へ。

これこそが、東京の若者の貧困化、地方の人手不足解消、そして東京一極集中を終わらせることで少子化をも解消に向かわせる、一石三鳥を実現する考え方なのだ。

もっとも、政府の新支援金制度について評価はするが、まだまだ不十分である。何しろ、一度限りの支援金支払いで、サポートが終わってしまう。

より「恒久的」にＵＩＪターン者へメリットが生じるように、やはり所得税減免に踏み込むべきであろう。所得税の減免であれば、何しろ「毎年」減税状況になるため、移転者の背中は、より強く押される。同時に、ＵＩＪターン者の範囲を、各地の中小企業に就職した者（及び起業した者）に限らず、新幹線やリニア新幹線による「東京への通勤者」にまで広げるべきだと思うのだ（別に、筆者が飯田市に移住したいから、という話ではない）。

というわけで、日本政府が東京一極集中を解消し、地方経済を発展させるためにやるべきことは、あまりにも明らかなのである。

とはいえ、実際には安倍政権は東京一極集中を終わらせるに充分な施策を講じようとはしないだろう。

理由は、安倍政権が「グローバリズムのトリニティ」に支配されてしまっているためだ。

第4章　経済成長の黄金循環への道

グローバリズムのトリニティ

東京一極集中は徳川家康の江戸構築に始まり、明治維新後も、高度成長期も継続してきた。とはいえ、特にバブル崩壊後、あるいは日本経済デフレ化以降の東京一極集中は、過去のケースとは事情が異なるように思える。

厳密には、始まりは中曽根康弘政権である。とはいえ、本格的に始まったのは橋本龍太郎政権だが、日本国内において、様々な「改革」が推進され、国家全体や公共サービスにおいてまで「選択と集中」が進むようになってしまった。

そもそも、東京圏を含む日本の各地方について「選択と集中」などとやって良いはずがない。選択された地域はいい。とはいえ、選択から漏れた地域はインフラが整備されず、社会制度が荒廃し、人口が流出してしまう。結果的に、人口は日本の場合はひたすら東京圏に集中する。

今以上に東京一極集中が進み、その時点で首都直下型地震が起きたらどうなるのか。日本国家存亡の危機が訪れることになる。

公共サービスも同じだ。

「ここは人口が少ないから、公共サービスはもはや提供できない」と、電力、ガス、水道が停められた地域で、人間は生きていくことができるだろうか。不可能である。

公共サービスが劣化した地域からも、やはり人口が流出。東京一極集中は加速するだろう。東京一極集中が、日本に「国難」をもたらしかねないことなど、少し物を考えることができる人ならば、誰にでも理解できるはずだ。それにもかかわらず、日本政府は現実に各地方について「選択と集中」を行っている。

図12「地域別公共投資出来高の推移」（48ページ）で示した通り、日本政府は明らかに「東京圏集中」のインフラ整備を継続している。さらには、安倍政権の地方創生策は、各地方が「創意工夫」し、地方創生事業を政府に申請。事業が評価されれば、地方交付税が手厚くなる。評価されなければ薄くなるという、競争主義むき出しの政策であった。

要は、各地方が創生事業で競い合え。勝ったところには、カネを配る。負けたところは、自己責任という発想なのだ。そのまんま「選択と集中」なのである。

地方行政において、選択に漏れた地域を「切り捨てる」などとやって良いはずがない。企業の事業部廃止とは、話が違うのだ。

企業の目的は、利益である。当然ながら、利益を出せない不採算部門については、切り捨てることが許される。目的が利益である以上、仕方がない。

とはいえ、政府や地方行政は違う。そもそも、政府の目的は経世済民であり、利益ではないのだ。政府の目的は、

「国民が豊かに安全に暮らせるようにすること」

すなわち、経世済民であり、黒字でもカネでもない。政府は、地方自治体を含めて経世済民を目的としたNPO（非営利団体）なのである。

橋本政権以降、継続している日本政府の「選択と集中」には、日本国家全体を発展させる、国民がみんなで豊かになる、といった発想は皆無だ。NPOでありながら、誰もが「利益追求」のための政治を追求しようとする。

なぜ、こうなってしまうのか。

理由は、橋本政権以降の日本政府が、ほとんど例外なく「グローバリズムのトリニティ」という思想に染まってしまっているためだ。

改めて、グローバリズムとは、モノ、ヒト、カネという経営の三要素が「自由」に、つま

りは政府の規制なしで好き勝手に動き回ることで、経済が成長するという教義（ドグマ）である。グローバリズムに基づき推進される政策を分類すると、以下の三つに集約される。

●自由貿易
●規制緩和
●緊縮財政

グローバリズムは、上記三つの政策パッケージにより推進される。自由貿易、規制緩和、緊縮財政は、グローバリズムのトリニティ（三位一体）なのだ。

ところで、「自由貿易」には、モノやサービスの国境を越えた移動の自由化はもちろん、カネ（投資）やヒト（移民）の移動の自由化も含まれている。例えば、自国の工場を「人件費が安い」他国に移転することは、カネの移動の自由という「自由貿易」に基づいている。

なぜ、自国で操業中の生産拠点（工場）を、わざわざ外国に移転するのだろうか。もちろん、外国に工場を移すことで人件費を引き下げ、利益を拡大するためである。国内の雇用が失われ、国民が貧しくなろうとも、国家を意識しないグローバリストにとっては、何の痛痒もない。

あるいは、現在の日本で大問題になりつつある移民問題も、自由貿易の一部になる。「ヒト」を自由に貿易しようという考え方だ。

日本企業の経営者は、なぜ外国人労働者を雇うのか。「賃金が安い」以外に理由があるというならば、教えて欲しいものである。

と書くと、

「いや、日本の労働者の人材としての力が落ちているため、外国人の高度人材を雇わざるを得ないのだ」

などと反論されてしまうわけだが、ならばソリューション（解決策）は日本国内の教育にお金をかけ、我が国の若者を「人材」として成長させること以外にはないはずだ。ところが、なぜか我が国は教育支出までをも絞り込み、人材育成はもちろん、技術力の凋落まで招いてしまっている。

80年代から90年代にかけて、我が国は全世界の論文の10％を生み出していた。当時の日本の論文が世界に占めるシェアは、アメリカに次いで第2位であった。

ところが、橋本緊縮財政以降、我が国の技術力は相対的に衰退していき、08年には論文数が世界第5位にまで落ちてしまった。さらに、２０１５年の論文のシェアは、ついにピーク時の半分である5％にまで縮小してしまったのである。

２００４年の大学法人化以降、我が国の大学予算は切り詰められていき、教授は「短期の成果」を求められることになった。各地の大学は、人員が不足し、研究者が研究に没頭できない有様になっている。緊縮財政により、教授や研究者たちは論文を書くどころではない状況に追い詰められているのだ。

２０１７年9月、ノーベル生理学者である山中伸弥(しんや)教授が、衝撃的なメッセージをWEBに掲載し、特にネット世論が騒然となった。山中教授は、

『皆様へのメッセージ
iPS細胞実用化までの長い道のりを走る弊所の教職員は、9割以上が非正規雇用です。これは、研究所の財源のほとんどが期限付きであることによるものです。
しかし、２０３０年までの長期目標を掲げ、iPS細胞技術で多くの患者さんに貢献するべく、日々の研究・支援業務に打ち込んでいます。
皆様のご支援は、長期雇用の財源や、若手研究者の育成、知財の確保・維持の費用などに大切に使わせて頂きます。

どうか、皆様のあたたかいご支援を賜りますよう、
心よりお願い申し上げます』

と、一般からの寄付を募るメッセージを掲載したのである。ずばり、日本国民に対するSOSだ。

ノーベル賞を獲得したほどの教授の研究所の教職員の9割超が、非正規雇用。理由は「財源」問題。

こんな有様では、研究者は落ち着いて研究活動に従事することはできない。我が国の技術力は、凋落の一方だろう

2018年にノーベル医学・生物学賞の受賞が決まった本庶佑(ほんじょたすく)京都大学特別教授は、研究資金について「もうちょっとばらまくべきだ」と発言し、話題になった。日本政府は、自然科学の基礎研究への資金投入についてまで「選択と集中」をやっているのである。

本庶教授は、会見で、

「何が正しいのか。何が重要なのかわからないところで、『この山に向かってみんなで攻めよう』ということはナンセンスで、多くの人にできるだけ、たくさんの山を踏破して、そこに

何があるかをまず理解したうえで、どの山が本当に重要な山か、ということを調べる」と語っているが、まさにその通りだ。技術開発において、事前に成果が確定できるはずがない。それにも関わらず、文科省などの日本政府は「選択と集中」を続けている。要するに、日本の技術開発費における「選択と集中」は、財務省が主導する緊縮財政の一環なのだ。

緊縮財政が日本の技術力を停滞させ、外国の「高度人材」に対するニーズを高めた。結果的に、技術についてまで「外国依存」が進んでいるのが我が国だ。緊縮財政が技術力を弱体化させ、ヒトの移動という「自由貿易」を推進している。

同じ話が、公共サービス関連でもいえる。

自由貿易と規制緩和は、これは似通った話だ。国境という規制を緩和し、モノ、ヒト、カネの移動を自由化するのが「自由貿易」だが、国内で各種の規制を緩和するのが規制緩和になる。ＴＰＰが「自由貿易」であり、農協改革は「規制緩和」に該当する。両者ともに、政府のパワーを小さくし、ビジネスを自由化するという点では発想が共通している。

なぜ、そこに「緊縮財政」が加わるのか。

緊縮財政あるいは「財政破綻論」の蔓延なしでは、公共サービス等の自由化、民営化が実現できないためだ。

緊縮財政政策を推進したとしても、行政、水道、鉄道、空港、年金、医療、公共インフラ建設等の「公共サービス」は、国民に提供する必要がある。公共サービスは、たとえ経済がデフレ化し、極度の不況に陥ったとしても供給されなければならないサービスなのだ。

財政が悪化している。とはいえ、公共サービスは提供しなければならない。

だからこその、民営化である。という、レトリックで公共サービスにおける民間のビジネスが生まれる。

行政は、「公務員給与を減らせ！」という、ルサンチマンにまみれた国民の声に応え、職員を派遣社員に切り替える。日本でいえば、パソナをはじめとする派遣会社が儲かる。

水道や地下鉄、空港はコンセッション方式で民営化。実際、浜松の下水道がフランスのヴェオリアを中心とする民間企業に委託されると報じられている。また、大阪の地下鉄も民営化。東日本大震災という「ショック」を利用し、仙台空港も民営化。

2018年秋には、実際にコンセッション方式の水道民営化の法律が国会を通った。

年金は、財政破綻論に絡めて年金不安を煽り、民間企業（※外資含む）の年金保険にスイッチさせる。医療はもちろん、「医療亡国にならないために、先端医療の保険適用はしない」というレトリックで、混合診療（患者申出療養）を推進。高額な自由診療が増え、医療までもが「ビジネス」と化していく。

公共インフラの整備も、ＰＦＩ等「民間活力の導入」とのスローガンの下で、民間の投資家や企業のビジネスチャンスを提供する。

もっとも、上記のスキームを推進するためには、

「政府は国の借金で破綻する」

という、財政破綻論、緊縮財政が不可欠なのだ。財政に余裕があるならば、公共サービスは政府が提供すれば済む話で、民間ビジネスの出番はない。

財政破綻論に基づく緊縮財政こそが、政府の公共サービスで「儲けたい」と考える政商、いわゆるレント・シーカーたちにビジネスチャンスを提供する根幹中の根幹なのだ。実際には、日本に財政危機などない。とはいえ、その事実が国民に知られると、公共サービスの民営化というビジネスは不可能になってしまう。だからこそ、日本のマスコミから財政破綻論は消えない。

財政破綻論が消えない限り、緊縮財政という「トリニティの基盤」は存続し、我が国は公共サービスを民間ビジネスの食い物にされ、国民がひたすら貧困化する。同時に、外国から

の移民流入も続き、四半世紀後には「かつて日本国と呼ばれた、別の国」と化してしまっていることだろう。

グローバリズムのトリニティ（三位一体）では、緊縮財政や「財政破綻論」という基盤があるからこそ、自由貿易や規制緩和が説得力を帯びる。

かつて、我が国の公共事業の入札は「指名競争入札＋談合」によって受注されるケースが多かった。現在の日本では、指名競争入札や談合が、あたかも「悪」であるかのごとき認識が広がっている。とはいえ、そもそも指名競争入札と談合の組み合わせは、自然災害大国である日本において、土木・建設事業者間の健全な競争を維持しつつ、公共インフラの品質を改善し、かつ「各地域に土木・建設業者を存続させる」ために編み出された、先人の知恵なのだ。

偏見なしで「良識」に沿って考えてみれば、誰でも理解できる。世界屈指の自然災害大国であり、大震災までもが発生する我が国において、土木・建設業界を「完全市場競争」に委ねていいはずがない。市場競争に敗北した企業が片端から倒産していくと、「土木・建設業が存在しない地域」が増えていかざるを得ない（すでに、増えている）。

大震災とまではいかなくても、我が国は雨季（梅雨）があり、台風も繰り返し襲来する国なのである。水害、土砂災害は毎年、いずれかの地域で必ず発生している。

水害や土砂災害が起きたとき、真っ先に現場に駆け付け、被災者の救援やその後の復旧、復興事業に尽力してくれるのは誰だろうか。地元の土木・建設事業者である。

何しろ、土木・建設事業者には人材がいる。機材もある。そして、これは何よりも重要なのだが、地元の情報を知っている。自衛隊といえども、情報なしでは何もできない。

大規模自然災害は、いつ、どこで発生するか誰にも分からない。我が国では各地に確固たる供給能力を保有する土木・建設業界が存続しなければ、国民が生きられない。だからといって、業界に競争が存在せず、品質の劣化を招き、価格がひたすら上昇するのも問題だ。

だからこそ、指名競争入札と談合の組み合わせなのである。指名競争入札の場合、公共事業を受注した企業が結果を残せない場合、指名から排除される。指名に残るために、各社は公共インフラの品質を高めるべく、別に行政側が目を光らせていなくても、懸命に努力する。

また、指名された業者間の競争も、当然存在する。

もっとも、指名業者間で「苛烈な競争」などとやってしまった日には、やはり敗者が生まれるのは避けがたい。業者が競争に敗北し、倒産もしくは廃業してしまうと、その地域から土木・建設業が消滅するという事態を招く。

自然災害大国であるにも関わらず、土木業や建設業が存在しない地域では、人々は暮らすことができない。何しろ、いざというときに「助からない」のだ。結果的に、地域から人々が逃げ出し、主に東京圏へと流れ込んでいく。

というわけで、指名競争入札で競争や品質向上を確保しつつ、談合（話し合い）により仕事を分け合うというシステムが進化したのだ。指名競争入札と談合が組み合わさってこそ、我が国では各地に土木・建設業を「競争」「品質向上」を伴う形で残すことができる。結果的に、国民の分散が適切な水準で保たれ、日本全国の防災安全保障が維持されていた。

この日本型システムが「邪魔」な存在があったのだ。もちろん、アメリカのベクテルに代表される外国の土木・建設業者だ。何しろ、指名競争入札や談合のシステムがある限り、外資系企業が日本の公共事業のプロジェクトを受注するのは不可能に近い。

「指名競争入札や談合のシステムは、自由貿易や市場競争に反している。指名競争入札は一般競争入札とし、談合は禁止するべきだ！」

という圧力が、１９８８年の日米建設協議以降、アメリカから継続的にかけられるようになった。結果、我が国の政府は、「外国企業の参入等による国際化の進展、建設市場における公正な競争の確保の要請」に応じた制度改革を進めていった。すなわち、規制緩和だ。合わせて、国内の公共事業について、外国企業が落札しやすいように、仕様書の英語化も進んだ。つまりは、自由貿易である（もちろん、アメリカ国内の公共事業について、日本企業が落札しやすいように、仕様書を日本語化してくれるはずはないのだが）。

並行して、我が国では特に「談合」が、まるで悪の権化であるかのごとく叩かれるようになっていった。談合が批判された主な理由は、

「談合により、公共事業の落札価格が不当に釣り上げられている」

というものだった。すでにして、日本国内には財政破綻論が蔓延し、公共事業を「可能な限り安く実施する」という緊縮財政のコンセプトに沿った形で、談合が批判されていったのである。

無論、土木・建設企業が、不当に高い価格で公共事業を受注していたならば、それは問題だ。とはいえ、特に97年の橋本緊縮財政以降は、とにかく「削減ありき」で公共事業予算が目の敵にされ、合わせて談合が「違法化」されていったのである。

挙句の果てに、2011年の東日本大震災の道路復旧、農地復旧の際の「受注調整」までもが、談合であると批判される事態になった。非常時において、復旧スピードを高めるため、各社が話し合い、仕事を分担し合うことは「当たり前」だと思うのだが、我が国ではそうではな

いらしい。

緊縮財政による公共投資、公共事業の削減に加え、公共入札の一般競争入札化、談合の禁止と、立て続けの攻撃を受け、我が国の建設業許可業者数は、ピーク（1999年度）の約60万社から、2017年度には47万社を割り込むところまで激減してしまった。

現在の日本は、すでに土木・建設業の業者不足、人手不足が深刻化する局面を迎えている。ならば「外国企業」や「外国人労働者」に依存するしかない、というレトリックになり、カネ（投資）やヒト（外国人労働者）の移動の自由化という自由貿易が進む。実に見事なスキームだ。

本来は、政府が公共投資、公共事業を拡大し、安定的な「需要」を確保することで、土木・建設業を育成。特に、現役の技術者から若手に技能継承をしなければならないのだが、現実には全く進んでいない。

この状況で、土木・建設分野に外国人労働者を導入すると、いずれ我が国では、「土木や建設は、外国人が就く仕事だ」という共通認識、あるいは「空気」が広がり、日本人は誰も土木業、建設業では働かなくなる。自然災害大国において、土木・建設業が「外国人がいなければ成り立たない」状況になってしまうのだ。

まさに「国家的自殺」としか呼びようがない。

前章で、筆者は東京一極集中を解消するための施策として、

「地方を中心とした交通インフラの整備」
「東京圏から地方に移った国民に所得税の減免措置」
「民間企業の生産性向上のための政府の技術投資」
「地方企業が東京で求人することを可能にする」

などを提言した。

上記の内、実現の可能性がある（高いではなく）のは、地方企業の東京における求人のみだろう。何しろ、残りの政策は全て政府の財政措置を必要とする。財政破綻論や緊縮財政が存続する限り、日本政府は正しい施策を推進することはない。精々が、ＵＩＪターン者に対する支援金の支給程度だ。

政府が財政破綻論の呪縛に囚われたままである限り、東京一極集中は存続し、我が国の国難はひたすら深刻化していく。

もっとも、東京一極集中は、本書で解説してきたこととは無関係に終焉に向かうかも知れない。何しろ、２０１９年から翌年にかけ、東京圏の経済は「大不況」に陥る可能性が高いのだ。

２０１９年問題

図25の通り、２０１４年の東京都の経済成長率はマイナスに陥った。しかも、２０１３年以降の東京都の成長率は、３年連続で全国平均を下回っている。つまりは、現在の東京都は日本全体の経済成長の足を引っ張っているのだ。

東京都が２０１４年にマイナス成長になった理由は明らかだ。もちろん、14年4月の消費税増税の影響である。何しろ、製造業や第二次産業の全体に占める割合が、日本で最も小さいのが東京都なのである。サービス業の割合が多い、つまりは「サービスの消費」が経済の大黒柱である東京都は、消費税増税の悪影響の直撃を受ける。

実際、東京都の民間最終消費支出の実質値は、13年度に約37兆３５３０億円だったの

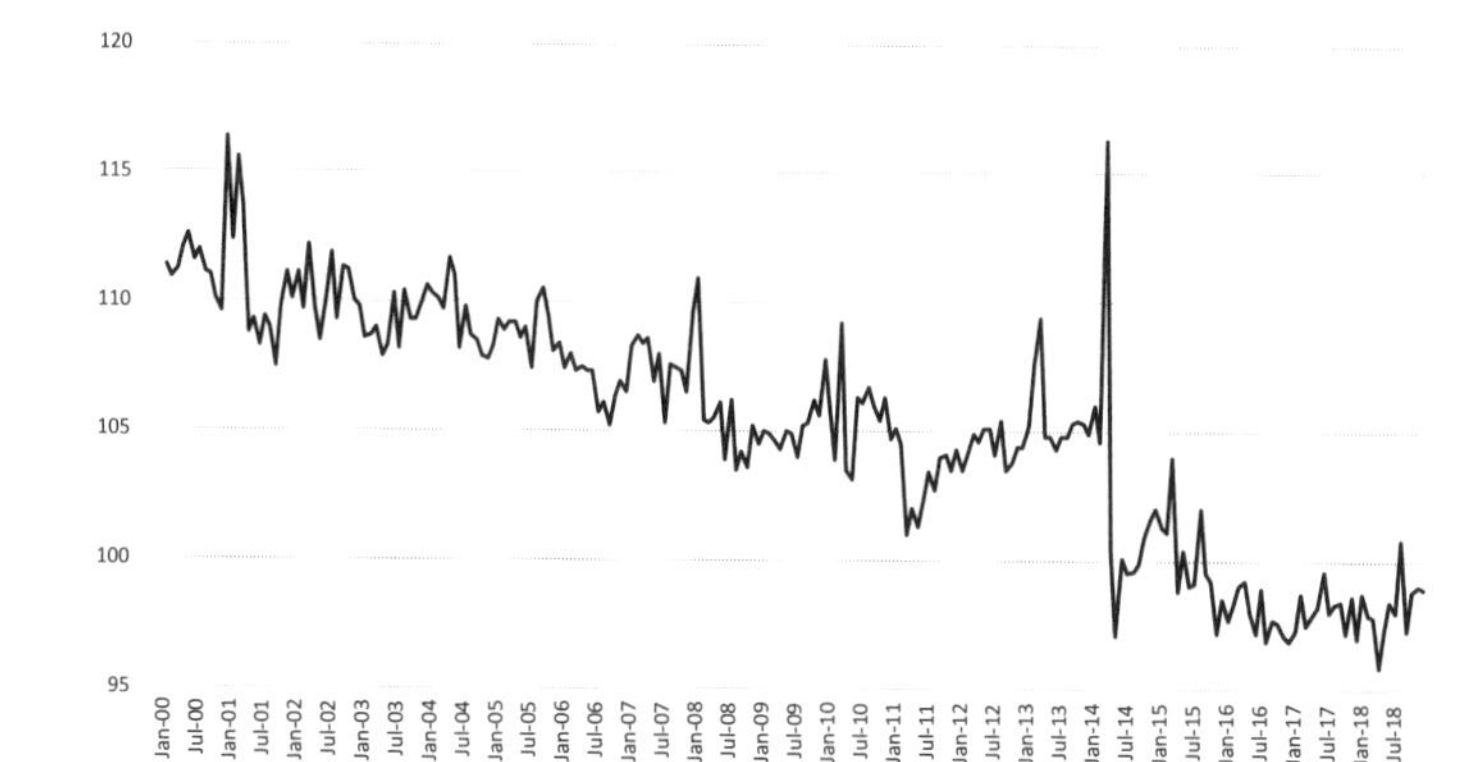

【図 28　日本の実質消費指数の推移（2015 年＝ 100）】
出典：統計局

が、14年度は約36兆９５７８億円に落ち込んだ。２０１９年10月に消費税が再増税されると、東京の経済はまたもや消費縮小という打撃を被ることになる。

消費税増税が厄介なのは、影響が単年度では済まないという点だ。消費金額から物価変動の影響を除いた「実質消費」の推移を見てみよう。

驚くべき話だが、日本国民の実質消費、つまりは「消費の量」は、今やリーマンショック後の消費停滞期をも下回っている。唯一、２０１４年３月に、一時的に実質消費が２０００年の水準を回復しているが、これはもちろん「消費税増税前の駆け込み消費」によるものだ。

月が変わり、14年４月になると、駆け込み消費分を吹き飛ばすかのような消費低迷が始まり、しかも18年末に至っても一向に回復していない。消費税増税が日本国民の実質消費を「長期的」に縮小させてしまうことは、誰の目にも明らかであろう。

しかも、まずいことに、2019年度は消費税増税に加え、「働き方改革」と称する残業規制、さらには東京五輪に向けたインフラ整備の終息というイベントも待っている。

14年4月の消費税増税は、日本の国民経済に「民間最終消費支出」の縮小という形で、実質7・5兆円のダメージを与えた。19年10月に予定されている消費税率10%への引き上げも、同規模のダメージが発生する可能性が濃厚である。

前回は5%から8%への3%引き上げで、今回は8%から10%であるため、引き上げ率は2%に過ぎない。さすがに、14年の増税時のダメージは下回るのでは、などと考えてはいけない。消費税率「10%」という数値が問題なのだ。何しろ、10%は「計算しやすい」。

1万9800円の8%を暗算することは、普通の人には難しい(筆者も無理だ)。ところが、10%ならば簡単である。1万9800円の10%は、1980円だ。

10%への消費税率引き上げは、計算しやすいが故に、増税の負担感を増す。実際に税率を10%とすると、14年4月増税に匹敵する消費縮小を招く可能性が高い。

特に、サービス産業と消費中心の東京都の経済は、大打撃を被ることになる。

今の日本にとって、国民を豊かにし、安全を強化するという意味の「経世済民」を達成する政策は、シンプルなのである。消費税は増税ではなく「減税」し、政府は交通インフラの整備を含め、生産性向上のために支出を拡大する。さらには、生産性向上を抑制する移民は受け入れない。

ところが、18年6月に閣議決定された今後の財政方針「骨太の方針２０１８」は、

1・２０１９年10月に、消費税率を予定通り10％に引き上げる
2・投資系支出まで制限するプライマリーバランス（基礎的財政収支）の黒字化目標は、達成時期を２０２５年に先送りした上で残す
3・移民受入の新たな在留資格を作る

と、まさに真逆の政策のオンパレードであった。

もっとも、骨太の方針閣議決定を受け、救いのない絶望に浸るべきかといえば、必ずしもそうではない。「国民経済」「経世済民」について正しく理解をした国会議員（※自民党）たちが、すでに反撃に出ている。

【写真３　平成30年７月６日　自由民主党日本の未来を考える勉強会による提言申入れ】

ようやく「ＧＤＰの成長こそが、税収を増やし、財政を健全化させる」という、真っ当な考えを持つ議員たちが登場したのだ。ずばり、「日本の未来を考える勉強会」の国会議員たちである。

２０１８年7月6日、自民党の「日本の未来を考える勉強会」（呼びかけ人代表・安藤裕衆院議員）のメンバーが、首相官邸で安倍晋三首相と面会。２０１９年10月に予定される消費税率の10％への引き上げに向け、19年度予算の規模を前年度比３・２％以上拡大するよう求めるなど、デフレ脱却に向けた提言書を手渡した。

提言の正式名称は「デフレ完全脱却による財政再建に向けた『平成31年度予算編成』についての提言」となっているが、長いので呼びかけ人にちなみ、本書では「安藤提言」と呼ぶことにする。

驚くべきことに、安藤提言を受けた首相官邸は、ホームページに「動画」付きで掲載したのである。一般議員の提言を首相官邸が広報するなど、過去に聞いたことがない。

土木学会の2018年6月の報告書によると、首都直下型地震、南海トラフ巨大地震により、我が国は20年間で2000兆円を超す生産資産とGDPを喪失する可能性がある。

同報告書は、自民党の国会議員たちの間に広まり、危機感が共有されていった。自然災害大国としては「普通の危機感」を抱いた政治家たちの間で、財政出動の空気が醸成されていったのである。

土木学会の報告書。頻発する地震。広範囲の「数十年に一度」の豪雨災害。災害による死者続出。失われる国民の家屋、財産、そして「普通の生活」。

この「現実」を目にしながら、安藤提言に背を向け、財政拡大に踏み切らないならば、もはや「政治」ではない。

7月初頭には、西日本豪雨災害が発生。死者120人、不明75人と、「平成」最悪の豪雨災害になってしまった。

「生産」面への被害も発生しており、自動車企業を中心に操業停止になる企業が増えている。被災地で工場が止まると、そこから供給を受けている企業にも影響が生じ、バリューチェーンを「生産不能」が伝播していくことになる。

この状況でも、防災インフラ整備、交通インフラ整備などの公共投資、財政拡大に背を向けるのか？

背を向けてはならない、というのが安藤提言なのである。安藤提言の骨子は以下になる。

●2019年度問題（消費税増税、残業規制、東京五輪の特需終了）を乗り越えるための10兆円規模の政府需要拡大策

●政府試算の「経済成長ケース」を達成するために、毎年3・2％（約2・4兆円）の「当初予算」における継続的な予算拡大

●消費税増税対策

・軽減税率の対象拡大——軽減税率は8％ではなく5％とする

・一単位あたり100万円以下のものはすべて軽減税率とする

・個人利用のものはすべて軽減税率適用

軽減税率を利用し、事実上の消費減税。加えて、2019年度問題を乗り越えるために、「一

時的」な需要拡大（10兆円規模）。

　加えて、毎年３・２％の「当初予算」における予算の拡大。

　そもそも、日本政府が想定する「経済成長コース」が３・２％のＧＤＰ成長となっている以上、政府支出も３・２％ずつ拡大させるべきである。

　上記三つが実現すれば、恐らく3年ほどで日本はついにデフレからの完全なる脱却を果たすことになる。

　さらに、骨太の方針２０１８に、

「中長期の視点に立ち、将来の成長の基盤となり豊かな国民生活を実現する波及効果の大きな投資プロジェクトを計画的に実施する」

と、明記されていることを受け、安藤提言は様々な投資プロジェクトを提案している。

　個人的に注目したプロジェクトのみをピックアップすると、

●ＩＬＣ（国際リニアコライダー）整備
●国立大学法人・研究開発法人の運営費交付金増額（大学法人化前に戻す）
●北陸新幹線の大阪接続・関空接続の事業決定

●北海道新幹線・北陸新幹線の整備加速
●国土軸形成を見据えた全国の基本計画の整備計画化
●関空新幹線を想定した新大阪駅整備
●農業、漁業、林業、建設、造船などをはじめ各業種の日本人技術者・技能労務者の集中育成期間を設定し、労務単価・賃金の大幅引き上げ（人手不足を踏まえた処遇改善）
●若者からいわゆる「就職氷河期世代」までを含めた幅広い世代の人材育成、賃金引上げ及び雇用安定化
●ミッシングリンク整備
●暫定二車線高速道路の車線拡幅
●総被害2000兆円に及ぶ南海トラフ／首都直下地震等の諸対策（電柱地中化・橋梁強化・防潮堤整備等）
●全国の上下水道、電気、ガス、道路・橋梁、河川管理施設（水門等）、港湾、公営住宅、学校、農業水利施設など非常時に耐えうるライフライン更新、耐震化、長寿命化のための予算の確保
●全国の豪雨対策の対策計画の策定および長期予算確保

●ダム再開発
●ガスパイプライン整備補助金
●防衛費の拡大

などになる。

交通インフラを整備し、科学技術に投資し、人手不足は生産性向上と人件費引き上げにより解消する。

ちなみに、安藤提言が書かれたのは、18年7月頭の西日本豪雨災害の「前」である。この種の「やって当たり前のプロジェクト」に、政府が継続的に支出をすれば、企業の設備投資、技術投資が回復し、資本装備率も上昇。生産性向上により実質賃金が上がり、さらなる需要拡大をもたらす経済成長の「黄金循環」が始まる。

しかも、安藤提言が優れているのは、閣議決定された「骨太の方針２０１８」には全く反していないという点だ。

消費税率は10％に引き上げる。ただし、軽減税率で実質的な減税とする。

当初の10兆円規模の財政拡大にしても、何しろ骨太の方針に、

「2019年10月1日における消費税率の引上げに向けては、消費税率引上げによる駆け込み需要・反動減といった経済の振れをコントロールし、需要変動の平準化、ひいては景気変動の安定化に万全を期す」

と、書かれている以上、全く問題がない。というか、やらない方が骨太の方針に逆らうことになる。

さらに、各種の投資も、

「中長期の視点に立ち、将来の成長の基盤となり豊かな国民生活を実現する波及効果の大きな投資プロジェクトを計画的に実施する」

と書かれた骨太の方針に沿っている以上、安易に否定することは不可能だ。

安藤提言を採用するか否か。これが、安倍政権にとっての最終的な試金石だろう。

採用しなかった場合、安倍晋三内閣総理大臣は、

「日本の憲政史上、最も国民を貧しくし（＝実質賃金の低下）、最も消費を減らした（＝実質消費の縮小）亡国の内閣総理大臣」

として、歴史に名を残すことになる。

というよりも、安倍政権の現在の政策の数々は、むしろ「悪名を求めている」としか思えない。

例えば、残業規制と移民受入の二つ。残業規制ならぬ「働き方改革」はすでに法律が制定され、19年４月から施行となる。

同時に、安倍政権の進める移民受入拡大が実現すると、どうなるだろうか。

残業規制により、企業は従業員に残業をさせることができなくなる。安倍政権は、残業規制により「企業が生産性向上を進める」と言い訳をしているが、それは「移民受入」がない前提の話だ。

高度成長期の日本企業、あるいは日本の経営者は、確かに生産性向上のための努力を続け、具体的には設備投資、技術投資、人材投資を繰り返し、日本経済の成長に貢献した。とはいえ、当時の日本は移民受入をしなかった。必然、経営者は生産性向上以外に「道がない」ところに追い込まれたのである。

また、政府にしても、交通インフラや防災インフラ、各種ライフラインを整備するなど、生産性向上のための支出拡大を続けたのだ。官民が一丸となって、生産性向上のための投資を拡大したからこそ、高度成長は実現した。

ＧＤＰにおいて、各種の投資は「総固定資本形成」という需要だ。さらには、生産性向上で実質賃金が上昇した国民は「民間最終消費支出」という需要を拡大する。高度成長期、企業や政府の生産性向上のための投資は、二つのルートで需要拡大を実現したのだ。

一つ目は、豊かになった国民が消費を増やした。そして、二つ目は、生産性向上を目的とした投資そのものが需要であったためである。

消費、投資という需要が拡大すると、国民経済の供給能力が不十分となり、またもや図21のインフレギャップ拡大、人手不足深刻化だ。

人手不足が深刻化したならば、移民を入れなかった以上、生産性向上以外に道はない。生産性向上の投資は、需要拡大。生産性向上により実質賃金が上昇すると、やはり消費という需要が拡大。またもや、インフレギャップ、人手不足。

ならば、生産性向上というわけで、上記の「経済成長の黄金循環」を回し続けたのが、高度成長期の日本経済なのである。

日本の高度成長期の経済成長率が、同じく高度成長していた欧米の「2倍」だったという事実は、日本人の資質、才能、勤勉性、優秀性などでは全く説明できない。日本の高度成長(厳密には欧米の2倍の経済成長率)は、需要が供給能力を上回り続ける、経済学者の言う「高圧経済」の下で、「移民」により人手不足をカバーできなかったからこそ、達成されたのである。

何しろ、移民が入って来ない以上、溢れる需要を「今いる国民」の生産で満たすしかないのだ。

当然ながら、社会全体に「生産性向上」の圧力がかかり、実際に公共投資、設備投資、人材投資、技術投資という、資本主義の基本たる四投資が拡大し、需要が肥大化。肥大化した需要を埋めるために、さらなる生産性向上の投資が行われる循環構造で、日本は世界第２位の経済大国に成長した。

そもそも、

「日本の高度成長は、高圧経済下で移民を入れなかったからこそ達成された」

を否定する人は、50年代から55年代に至る西ドイツの成長率の「失速」（それでも欧米平均並みの成長率に下がっただけだが）をいかに説明するのだろうか。西ドイツの国民の能力とやらが、いきなり落ち込んだせいなのか。

違う。西ドイツは、50年代中ごろから「移民」を外国人労働者として受け入れはじめ、生産性向上のペースが鈍った。ただ、それだけの話である。

日本は今、少子高齢化に端を発する生産年齢人口比率の低下により、経済成長の絶好の機会を迎えている。いや、日本の人手不足の深刻化を思えば、「第二次高度成長の機会」が訪れた可能性すらあるのだ。

日本は97年の橋本政権の緊縮財政により、経済がデフレ化。実質賃金は下がり続け、国民の貧困化が続いた。特に、筆者の年代より下の若い日本人は、そもそも「好景気」を経験したことがほとんどない。

日本の景気が低迷したのは、デフレが継続した以上、当たり前だ。そして、デフレ深刻化による実質賃金低迷、そして東京一極集中が少子化を促進。ついに、少子高齢化により人手不足の深刻化が続くという、

「経済成長の絶好のチャンス」

が、訪れたのである。

それにもかかわらず、日本政府はグローバリズムのトリニティに囚われ、正しい政策に政府が支出をしようとしない。それどころか、経済界からの要望（というか、人手不足に対する悲鳴）を受け、移民受入を拡大しようとしている。

冗談でも何でもなく、神武天皇以来2000年以上も継続している我が国において、決定的な分岐点が訪れたようである。

すなわち、経済成長か、国家の死か、である。

経済成長の否定は国家の死

日本国内には、経済成長を否定する〝識者〟が本当に多い。とはいえ、現代において、日本の経済成長の否定は「日本国家の死」を望んでいるのも同然なのである。

経済成長とは、ＧＤＰ三面等価の原則により、生産、支出（需要）、所得の合計になる。そして、我々は税金を「所得」から支払うのだ。

というわけで、ＧＤＰと政府の税収規模には、明確な相関関係がある（税収弾性値があるため、多少ぶれるが）。ＧＤＰ大国は、必然的に財政規模も大きくなる。

例えば、軍事支出に多額の支出が可能なのは、ＧＤＰが巨大な国だ。ＧＤＰが小さい国は、どれだけ軍事支出対ＧＤＰ比率を高めたとしても、すぐに限界に突き当たる。

分かりやすい例を出すと、シンガポールは日本とは比較にならないほど「防衛」を意識している。何しろ、人の命をつなぐ「水」についてまで、隣国（マレーシア）に依存しているのだ。水どころか、土も、食料も、森林も、建物も、全て輸入である。シンガポール国民が

自国を揶揄する、

「空気以外は全部輸入」

という表現は、決して誇張ではないのだ。

だからこそ、シンガポール政府は防衛安全保障を真剣に考えている。シンガポールの防衛予算は、対GDP3・6％なのである。日本の防衛費は対GDP比1％未満であるため、相対的にはシンガポールの方が「軍事重視」であることは間違いない。

とはいえ、シンガポールのGDPは約3240億ドルにすぎない。GDPの3・6％を防衛費につぎ込んでも、約117億ドル。日本円にして1兆2830億円（1ドル＝110円）に過ぎず、日本の5分の1規模だ。

GDPと軍事支出は、相関的にならざるを得ないのだ。国民生活に負の影響を与えず、軍事支出を拡大したいならば、GDPを増やすしかない。

現在、日本はデフレーションの継続で、GDPが停滞している。何しろ、2017年のGDPを対96年比（※日本がデフレに陥る前）と比較すると、何と1倍なのだ。

つまりは、全く増えていない。日本以外の主要国のGDPを対96年比で比較すると、アメリカが2・4倍、イギリスが1・9倍、カナダ2・6倍、韓国2・6倍。そして、中国に至って

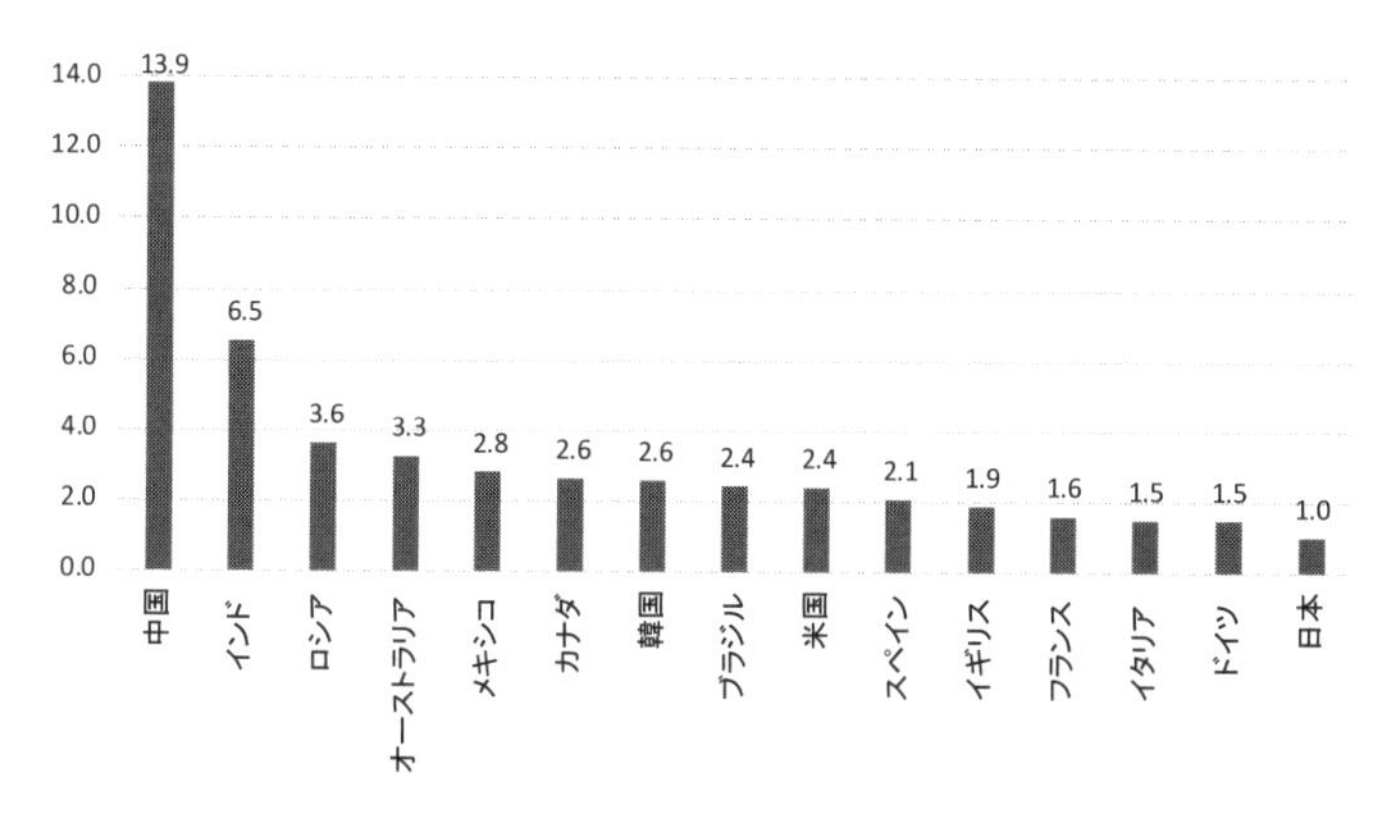

【図 29　主要国 2017 年ＧＤＰ対 96 年比（倍）】
出典：ＩＭＦ

は実に13・9倍である。20年間で、ＧＤＰが14倍近くに成長したことになる。

それに対し、我が国は1倍。フランス、イタリア、ドイツといった先進国も、10年のＧＤＰは96年比で1・5倍、1・6倍程度に過ぎない。フランス、イタリア、ドイツは、経済成長率において「劣等生」だ。

とはいえ、我が国は劣等生どころではない。落第生なのである。

このまま日本の低成長（というかゼロ成長）が継続する反対側で、中国が経済成長を続けたらどうなるのか。２０４０年代には、中国のＧＤＰは日本の10倍に達しているだろう。

中国はＧＤＰ成長率以上に軍事支出を拡大している。２０４０年代、中国の軍事支出は日本の20

倍に達していると思われる。

日本の20倍の軍事費を使う共産党独裁国家に、我が国はいかにして立ち向かえばいいのだろうか。

立ち向かえない、というのが残酷な答えだ。

経済成長できますか？　ではない。経済成長するしかないのだ。

日本のGDPが成長しなかったのは、別に、

「日本の人口が減少しているから」

といった理由ではない。単に、デフレーションが継続し、GDP成長に必須の投資が拡大しなかったためだ。ジョージアやラトビア、リトアニアの例からも分かる通り、人口が減っていようが増えていようが、投資が拡大すれば経済は成長する。逆に、投資が減っている限り、人口と無関係に経済は成長しない。

日本の場合、バブル崩壊と橋本緊縮財政により、経済がデフレーションに陥った。需要が拡大しないデフレ国で、企業が投資を拡大するなどありえない。加えて、日本政府は自らも公共投資という投資を減らしていった。

結果的に、日本経済は低迷した。諸外国が経済成長を達成し、国民が豊かになっていくの

を横目に見ながら、ゼロ成長に甘んじていた。

日本経済が「デフレ」で成長しないという事実を受け、日本国民や企業、政治家は、

「ああ、やっぱり日本経済は成長しないのだ。ならば、投資を減らそう」

と、自分の首を絞める投資削減に走る。投資が増えなければ、日本経済は成長しない。

日本経済のゼロ成長を受け、我が国では実に多種多様な「成長しない理由」が編み出された。

「人口が減っているから、経済成長はしない」

「日本は成熟化しているから、経済成長はしない」

「日本は財政が悪化しているから、経済成長しない」

「日本は少子化だから、経済成長しない」

「日本は若者が草食化しているから、経済成長しない」

上記のレトリックは、全て出鱈目だ。

とはいえ、経済成長否定のレトリックの数々は、投資縮小の言い訳になった。人口が減っている。だから、経済成長はしない。ならば、投資をしない。

と、国民や企業が判断してしまうと、資本主義経済の成長に必須の投資が縮小し、実際に日本経済は成長しない。

日本経済が成長しないと、

「ああ、やっぱり日本は経済成長しないのだ。ならば、投資を減らそう」

と、悪循環がいつまでたっても終わらない。

悪循環が続き、日本経済の低迷が続くと、最後には、

「日本は経済成長しないが、それでいい。日本は経済成長するべきではない」

という、不気味な成長否定論が蔓延するに至る。いや、すでに至った。

筆者は他人の言論に対して「怒る」ということはほとんどない。単に、間違っていれば間違っていると批判するだけである。理由は、間違っているためだ。

あるいは「価値観」が異なるが故に、他者と意見の相違が存在しえることも理解している。

ロジックはともかく、根底の価値観が異なることについて目くじらを立てても仕方がない。

グローバリストの言説にしても、「経世済民」という価値観から見ると間違っていると非難しているだけだ。グローバリストたちの主張は、視点を「自分の利益最大化」に変えれば、常に正しい。

東京一極集中については、

「東京一極集中は、国民の防災安全保障を弱体化させ、少子化を促進するからこそ間違って

いる」

と、筆者は批判する。とはいえ、

「防災安全保障などどうでもいい。少子化もどうでもいい。とにかく、今の自分のビジネス拡大に貢献する政策が正しい」

といった価値観を持つグローバリストにとっては、東京一極集中は善なのだ。何しろ、サービス業は人口が集中すれば集中するほど儲かる。

価値観的に相いれないため、筆者はグローバリストを批判している。「価値観」の問題は、議論しても解決しない。結局は、情報を正しく国民に伝え、民主主義で決着をつけよう、とやるしかないわけだ。

また、筆者は価値観的に間違っていると批判した人が、「正しい主張」をした時には、素直に肯定する。例えば、日本におけるグローバリストの代表といっても過言ではない竹中平蔵氏が（あり得ないだろうが）、経世済民のための主張を始めれば、筆者は褒め称えることになる。

いずれにせよ、上記の類の事実関係、あるいは価値観の違いについて「議論」することが極めて重要なのだ。厳密に書くと、議論を「国民に見せる」ことが重要であるため、言論の自由は守られなければならないとの信念を持っている。

その筆者にしても、

「この人に言論の自由を適用するのは、さすがに問題なのでは」

と、思わざるを得ないのが、成長否定論者たちである。成長否定論者の多くは、財政破綻論者と被るが、上野千鶴子、原真人、細川護熙といった成長否定論を叫ぶ〝識者〟の成長否定論を聞くたびに、言論の自由の「制限」に、一定のシンパシーを感じてしまうのである。

2014年の都知事選挙において「脱成長」を主張した細川護熙（2014年1月23日）。

「だがこの25年間の名目成長率はほぼゼロ。ならばもう一度右肩上がり経済を取り戻そう、と政府が財政出動を繰り返してきた結果が世界一の借金大国である」

と、恒例の財政破綻論というインチキレトリックで、成長を否定した朝日新聞の原真人（2017年1月4日「経済成長は永遠なのか『この200年、むしろ例外』」）。

そして「平等に貧しくなろう」と語った上野千鶴子。

『日本は人口減少と衰退を引き受けるべきです。平和に衰退していく社会のモデルになればいい。一億人維持とか、国内総生産（GDP）六百兆円とかの妄想は捨てて、現実に向き合う。（2017年2月11日　中日新聞「この国のかたち　3人の論者に聞く　◆平等に

貧しくなろう　社会学者・東京大名誉教授　上野千鶴子さん」）』

彼ら成長否定論者は、大げさでも何でもなく「犯罪的」と断言したくなるほどに罪深い。上野ら成長否定論者たちが、特に罪深いのは、自分たちは日本経済の成長、すなわち「所得の拡大」の恩恵を受け、のうのうと生きてきたことだ。

自分たちは経済成長の影響で、豊かさを満喫しながら人生を過ごし、将来世代に対しては「平等に貧しくなろう」と平気で言ってのける。

言葉を選ばずに書かせてもらうと、「人間の屑」以外の表現が思い浮かばない。

そもそも、我が国は経済成長を続ける「中国」という仮想敵国を持つ。仮想敵国が経済成長を続け、財政規模を拡大し、軍事支出を伸ばす反対側で、我が国が「平等に貧しくなる」などとやったら、どうなるか。

確実に、将来の日本国は中国の属国と化す。

上野ら成長否定論者たちは、日本を中国の属国と化すための尖兵なのだ。

しかも、成長否定論者たちの言論は、日本の経済成長のために必須な「投資」を妨げる。彼ら、彼女らの主張が広まり、「日本は経済成長しない」という空気が国民に共有されたとき、誰が将来のための投資をするだろうか。

すでに、実際に広まってしまっており、投資は増えていない。結果、日本経済の低迷は続いている。

成長否定論者たちの存在こそが、日本経済の成長を妨害しているのだ。

筆者は成長否定論者たちを否定する。多くの国民が、成長の重要性と可能性を認識し、成長否定論者を排除しない限り、我が国の停滞は続く。そして、将来の日本国は「中華人民共和国　日本省」に落ちぶれることになる。

しかも、真の意味で日本経済が成長できないならば、まだしも諦めもつく。とはいえ、現実にはそうではないからこそ、腹立たしいのである。

少子高齢化に端を発する人手不足を、生産性向上で補おうと、官民が一丸となって投資拡大に乗り出すだけで、我が国は経済成長、いや「高度経済成長」さえもが可能となる。百年に一度のチャンスを、日本は言論、情報の歪みによって失おうとしている。

特に、日本の地方は少子高齢化に加え、若者が大都市部に流出しているため、逆に経済成長のチャンスを迎えている。この現実が、なかなか理解されない。

落ち着いて考えてみれば、「若者が減る社会」は別に不幸でも何でもないことが理解できるはずだ。例えば、日本とは異なる「若者が多い国」について考えてみて欲しい。

人口ピラミッドが正三角形で、若者が溢れている社会。確実に、十分な雇用を確保することができず、若者があぶれ、若年層失業率が上昇する。暇を持て余した若者（特に若い男性）は犯罪、暴力、暴動、テロに走る。実際に、今の中東諸国が、まさにそんな感じである。

逆に、若者が少ない国では、若年層失業率は下がる。若者は貴重な労働力として重宝され、さらに生産性向上が起きれば、一人一人が豊かになっていく。少なくとも、豊かになる機会を得ることができる。

ＩＬＯの最新データによると、２０１７年の男性の若年層失業率は、日本が４・７％（現在はもっと低いが）。それに対し、中東諸国はリビアが37・９％、ヨルダン34・４％、エジプト29・７％、シリア28％、サウジアラビア18・４％である。

若者が職にありつけない国と、貴重な労働力と化している国と、どちらが幸せなのか。じっくりと考えてみて欲しい。若い男性が「あぶれている国」と、仕事が「溢れている国」。読者はどちらに住みたいだろうか。

最後に、一つだけ事例をご紹介しよう。

本書にたびたび登場した島根県は、若者が続々と大都市部に流出している代表県の一つである。つまりは、生産者人口が他の都道府県と比べても、勢いよく減っている。

これをピンチとみるか。あるいはチャンスと捉えるか。

島根県のある街に、ある若者がいた。彼は、広島県などの植木サービス会社で修業し、自ら造園業を起業することを決意した。

起業する場所は、どうするべきか。人口が多く、需要もありそうな広島県にするのか、それとも人口流出が続く故郷の島根県にするのか。

若手経営者は、あえて人口流出が著しい故郷で造園業を設立することを選択した。周りの人々は、みんな止めたとのことである。

「こんな人口が減っている地域で起業してもうまくいくはずがない」

と。

ところが、若手経営者は考えた。

「人口が減っているとは言っても、実際に減少しているのは若者の人口だ。高齢者は島根県からは出ていかないし、彼らの需要は存続する。需要はあるにも関わらず、若手がいなくなっているということは、これはもしかしてビジネスチャンスなのではないだろうか」

ちなみに、この若手経営者が筆者の書籍などに触れたのは、起業した後である。筆者を知る以前から、正しく「インフレギャップ」あるいは「人手不足」の意味を理解し、あえて若者が流出している地元で起業することを選んだのだ。

無論、さすがに自分一人では造園業を営むことはできない。若手経営者は島根県から大阪に働きに行っている後輩に声をかけ、呼び戻すことで「人材」を確保した。

さらには、ＩＴ技術を駆使し、３Ｄ画像を用いた効果的なプレゼンテーションを行うなど、生産性が極めて高い営業活動を推進。

結果は。

無論、若手経営者の造園業は大いに潤うことになった。筆者が本書で解説した、

「若者人口が減っている地方でビジネスを展開する」

「生産者は、大都市部から確保する」

「生産性高く、仕事を行う」

といった考え方を、筆者の論調を知る前に自ら実行したわけだ。天才、という表現は、別に大げさではないだろう。

しかし、改めて考えてみれば、当たり前の話なのだ。

若者が大勢ひしめき合い、競争が激しい地域で事業を展開するよりも、より人手不足が深刻な市場を目指すべきだ。供給者として、独占に近づけば近づくほど、企業の利益は拡大する。地方から大都市圏に若者が出ていく以上、逆に大都市圏では若者が相対的に過剰になっている。ならば、労働力の確保は地元ではなく、大都市圏で行うべきである。

そして、いずれにせよ需要に対し供給能力が不足し続けるインフレギャップの時代は、先に生産性向上に成功した企業が「利」を得る。

印象論や抽象論に囚われず、「理（ことわり）」に基づき考えてみれば、全てが極当たり前の話なのである。

現在の日本は、デフレーションが継続し、さらに安倍政権が緊縮財政や移民受入など、日本国民を貧困化させ、国家の形を悪い方向に変えてしまう政策ばかりを推進している。その裏で、地方を中心に経済成長する機会、国民が豊かになる機会が訪れていることもまた、間違いない事実なのだ。

デフレ脱却や東京一極集中の解消は、個人の力ではなかなか難しい。とはいえ、人手不足がより深刻化している地方において、生産性高くビジネスを展開し、企業や経営者、従業員が「儲ける」ことは、これは個人の努力で達成可能だ。

そして、地方中心に企業が儲け、利益を拡大していくことは、マクロに合成されればまさに「経済成長」という話になるのだ。

本書が日本経済の成長と、東京一極集中の解消に貢献することを願いつつ、筆を置くとしよう。

三橋貴明

著者略歴
株式会社経世論研究所所長
三橋貴明（みつはし・たかあき）
東京都立大学（現：首都大学東京）経済学部卒業。外資系IT企業、NEC、日本IBMなどを経て2008年に中小企業診断士として独立、三橋貴明診断士事務所（現、経世論研究所）を設立。2007年、インターネット上の公表データから韓国経済の実態を分析し、内容をまとめた『本当はヤバイ！韓国経済』（彩図社）がベストセラーとなる。その後も意欲的に新著を発表している。
当人のブログ『新世紀のビッグブラザーへ』の一日のアクセスユーザー数は12万人を超え、推定ユーザー数は36万人に達している。2017年4月現在、参加ブログ総数115万の人気ブログランキングの「総合部門」1位、「政治部門」1位である。単行本執筆と同時に、雑誌への連載・寄稿、各種メディアへの出演、全国各地での講演などに活躍している。

Web上の文筆活動
ブログ「新世紀のビッグブラザーへ」
メルマガ「三橋貴明の「新」経世済民新聞」、「週刊三橋貴明～新世紀のビッグブラザーへ～」

亡国のメガロポリス
日本を滅ぼす東京一極集中と復活への道

2019年4月22日第一刷

著　者　三橋貴明

発行人　山田有司

発行所　株式会社　彩図社
東京都豊島区南大塚3-24-4
MTビル　〒170-0005
TEL：03-5985-8213　FAX：03-5985-8224

印刷所　シナノ印刷株式会社

URL：http://www.saiz.co.jp
https://twitter.com/saiz_sha

ISBN978-4-8013-0366-9 C0033